Christa Troll
Michaela Hartl
Nadine Lohmann

Hauswirtschaft in Bildern

Obst vorbereiten für Anfänger

Auer Verlag GmbH

Gedruckt auf umweltbewusst gefertigtem, chlorfrei gebleichtem
und alterungsbeständigem Papier.

1. Auflage 2010
Nach den seit 2006 amtlich gültigen Regelungen der Rechtschreibung

Fotos: Friedrich Rieß
Umschlagfoto: Friedrich Rieß
Satz: krauß-verlagsservice, Augsburg
Druck und Bindung: Kessler Druck + Medien GmbH, Bobingen
ISBN 978-3-403-06527-2

www.auer-verlag.de

Inhaltsverzeichnis

1 Vorüberlegungen

2 Medien

3 Arbeitsblätter

4 Rezepte (in alphabetischer Reihenfolge)

1 Vorüberlegungen

Im Fach Hauswirtschaft steht neben dem Planen und Organisieren vor allem das Zubereiten von Speisen im Mittelpunkt, wobei grundlegende Kenntnisse der Ernährungslehre durchdrungen und erlernt werden sollen.
Damit die Schüler* selbstständig gesunde Speisen zubereiten können, müssen wesentliche Fertigkeiten, wie z. B. verschiedene Schneidetechniken, erlernt werden.
Diese sogenannten Basistechniken können anhand einfacher Rezepte eingeschult werden, damit der Schüler diese erlernt, einübt und auf weitere Gerichte übertragen kann.

Das Einschulen, aber auch die immer wiederkehrende Sicherung dieser fundamentalen Techniken ist von großer Bedeutung. Mithilfe der Bildkarteien und dem dazugehörigen Begleitheft können Sie Ihren Schülern zusätzlich zum Realmedium (Lebensmittel, Arbeitsmittel) die Techniken schüler- und sachgemäß veranschaulichen. Die einzelnen Arbeitsschritte werden auf Fotos visualisiert. So können Sie die Tätigkeiten in kleinen Schritten einführen und die Schüler bei der selbstständigen praktischen Umsetzung optimal unterstützen.

Aufbau der Bildkartei „Obst vorbereiten für Anfänger"

Die Bildkartei „Obst vorbereiten für Anfänger" besteht aus über 46 Karten, die die Verarbeitung der neun Obstsorten Apfel, Erdbeere, Banane, Zitrone, Orange, Kiwi, Weintraube, Pflaume und Birne vorstellen.

Zu jeder Obstsorte gibt es Karten mit Fotografien der einzelnen Arbeitsschritte sowie eine doppelseitig bedruckte Gruppenkarte. Zur leichteren Sortierung sind die Karten zu einem Thema immer mit derselben Farbe hinterlegt.

Beispiel „Vorbereiten von Erdbeeren"

Fotokarten mit den einzelnen Arbeitsschritten

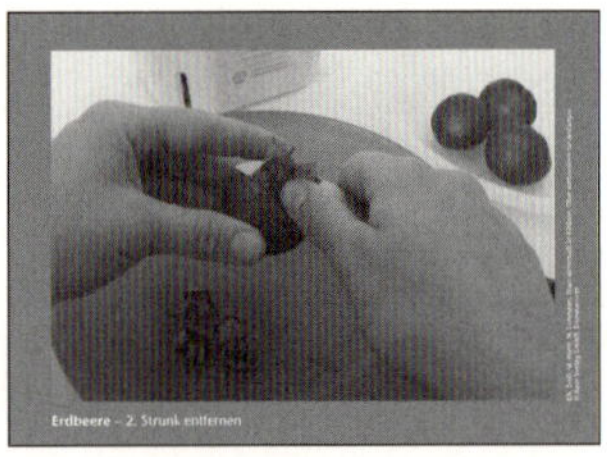

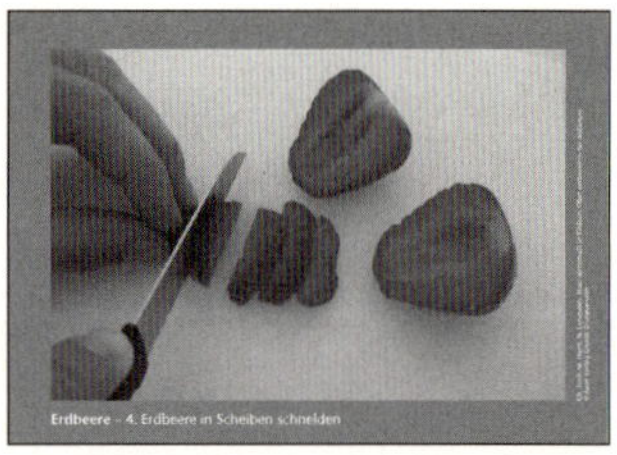

Gruppenkarte „Erdbeere"

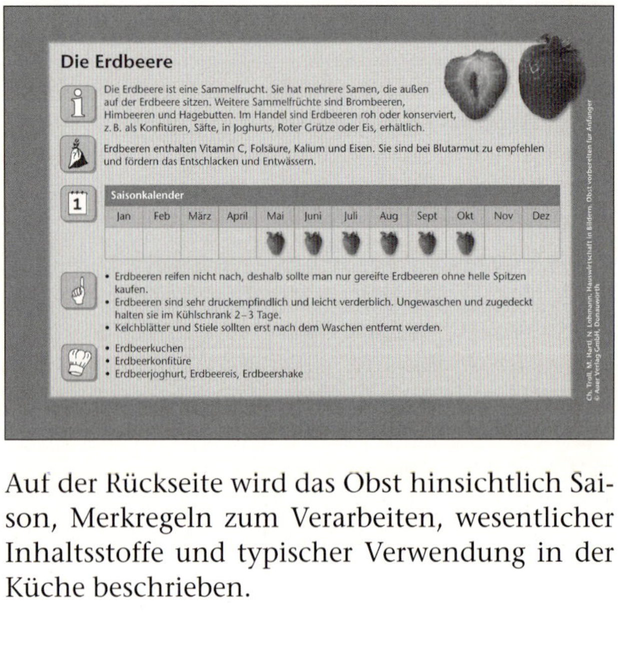

Die Vorderseite der Gruppenkarte zeigt die einzelnen Arbeitsschritte im Überblick.

Auf der Rückseite wird das Obst hinsichtlich Saison, Merkregeln zum Verarbeiten, wesentlicher Inhaltsstoffe und typischer Verwendung in der Küche beschrieben.

* Aufgrund der besseren Lesbarkeit werden in diesem Buch ausschließlich die männlichen Formen verwendet. Wenn von Schüler gesprochen wird, ist immer auch die Schülerin gemeint, ebenso verhält es sich mit Lehrer und Lehrerin.

Die einzelnen Punkte auf der Rückseite der Gruppenkarte sind mit Symbolen versehen:

Allgemeine Informationen, z. B. über botanische Klassifizierung, Anbaugebiete, Produkte usw.

Typische Inhaltsstoffe, die in dem Obst vorkommen

Saisonkalender (heimischer Anbau) für das jeweilige Obst

Praktische Tipps zur Lagerung und Verarbeitung

Typische Verwendung des Obstes, Rezepte

Begleitheft mit Kopiervorlagen

Das Begleitheft mit Kopiervorlagen beinhaltet zu jedem Obst Arbeitsblätter zu Arbeitstechniken und Rezepten, Differenzierungsmaterial sowie einen Saisonkalender (heimischer Anbau).

Sie finden im Begleitheft außerdem sämtliche Arbeitsschritte der Bildkarten als Wortkarten, z. B. [Erdbeeren waschen], [Strunk entfernen], die Sie vergrößern und parallel zu den jeweiligen Bildkarten einsetzen können. Die Wortkarten können sowohl zur Begriffsbildung als auch zur Sicherung des Gelernten an der Tafel verwendet werden.

Alle Arbeitsblätter beinhalten nach der Arbeitsanweisung sogenannte Textbausteine, z. B. [Verwende den Tunnelgriff!]. Hiermit können die Schüler den Text oder die Merkregeln ergänzen. So können die Arbeitsblätter in verschiedenen Schularten und Leistungsstufen eingesetzt werden. Bei leistungsstarken Schülern können Sie die Textbausteine einfach ausschneiden oder beim Kopieren abdecken.

Zu jedem Obst gibt es ein Arbeitsblatt „Teste dein Wissen!", das bei jedem Obst anders konzipiert ist, z. B. durch Ankreuzfragen, Rätsel usw.
Für alle Arbeitsblätter „Teste dein Wissen!" finden Sie ab S. 32 die Lösungen. Die Lösungen können zur Kontrolle im Klassenverband oder zur Selbstkontrolle der Schüler verwendet werden.

Einsatzmöglichkeiten der Bildkartei im Unterricht

Erarbeiten von Arbeitstechniken

- *Gruppenkarte Vorderseite*
  (Einzelarbeit/Partnerarbeit/Gruppenarbeit)
  Anhand der Gruppenkarte können die Schüler durch genaues Betrachten der Fotos die einzelnen Arbeitsschritte nachmachen und erlernen.
- *Gruppenkarte Rückseite*
  (Einzelarbeit/Partnerarbeit/Gruppenarbeit)
  Anhand der Rückseite können die Schüler wichtiges zusätzliches Wissen zum jeweiligen Obst erwerben.

Sicherung

- *Unmittelbar nach dem Erlernen der Arbeitstechnik*
  Die einzelnen Bildkarten können nach der Demonstration des jeweiligen Arbeitsvorgangs von den Schülern genau betrachtet und in der richtigen Reihenfolge sortiert werden. Die Bildkarten eignen sich außerdem hervorragend zur Sicherung des Gelernten an der Tafel. So kann der Schüler sie in der Schülerpraxis immer wieder betrachten. Zusätzlich können die Wortkarten vergrößert und ebenfalls an die Tafel gehängt werden.
- *Auffrischen der Schneidetechnik*
  Wurde eine Arbeitstechnik eingeschult und ist diese in folgenden Unterrichtseinheiten bei den Schülern nicht mehr ganz verfügbar, so können zur Auffrischung die Gruppenkarte oder auch die Fotokarten herangezogen werden.

Veranschaulichung

Die Bildkarten zeigen jeden einzelnen Arbeitsschritt des Vorbereitens und Schneidens des jeweiligen Obstes. Der Schüler kann anhand der Fotos die wesentlichen Schritte der Arbeit ersehen und auf seine Arbeit übertragen. Es sind nur die wichtigsten Merkmale abgebildet, sodass der Schüler nicht verwirrt wird.

Differenzierung

Wie beim Auffrischen der Schneidetechnik schon erwähnt, können mithilfe der Gruppenkarten die Schneidetechniken einzelner Obstsorten wiederholt werden. Diese Wiederholung können Sie auch nur mit einzelnen Schülern durchführen, bei denen Bedarf besteht.

Leistungsstärke Schüler können sich mit der Gruppenkarte neues Wissen aneignen oder auch schon im Vorfeld neue Schneidetechniken erlernen, die sie dann im Plenum vorstellen. Weisen Sie vorher aber unbedingt auf mögliche Unfallgefahren hin!

Aufbewahrung der Fotokarten

Zur längeren Haltbarkeit sind die Fotokarten auf beschichtetem Papier gedruckt, welches abwischbar und wasserabweisend ist. Daher ist ein Einsatz bei praktischen Vorarbeiten und an der Tafel ohne Probleme möglich. Es empfiehlt sich, die Bildkartei „Obst vorbereiten für Anfänger" in einer stabilen Box für DIN-A5-Karten aufzubewahren, damit keine Karten verloren gehen oder beschädigt werden.

Wenn Sie weitere Bildkarteien aus der Reihe „Hauswirtschaft in Bildern" anschaffen, können Sie alle Fotokarten gemeinsam in einem Karteikasten aufbewahren.

Kästen für Karten der Größe DIN A5 sind in verschiedenen Ausführungen erhältlich, z. B. aus Kunststoff oder Holz.

Je nach Ausführung sind die Kästen/Hüllen im Preis sehr unterschiedlich. Hier einige Beispiele:

Sammelbox aus Kunststoff
Preis: ca. 2 €

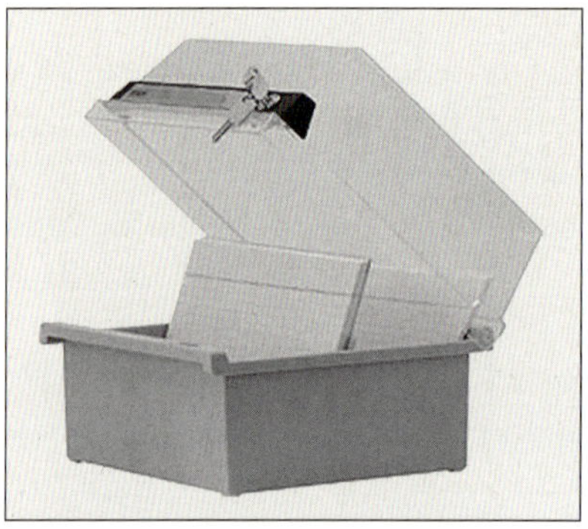

Hersteller HAN
Karteikasten aus Kunststoff
Preis: ca. 10 €

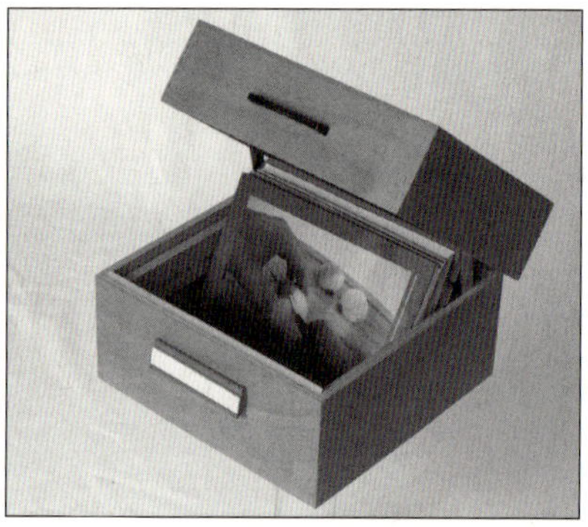

Hersteller HAN
Karteikasten aus Holz
Preis: ca. 40 €

Wortkarten zu den Schritt-für-Schritt-Fotokarten

Hinweise für die Herstellung

- Kopiervorlage auf DIN A3 vergrößern
- Auf farbiges Tonpapier kopieren und laminieren
  Tipp: Verwenden Sie die gleiche Farbe, in der auch die dazu gehörenden Fotokarten umrandet sind.

Methodische Hinweise

- Die Schüler können die Wortkarten den Fotos zuordnen.
- Die Wortkarten können bei der Tafelanschrift eingesetzt werden.

Tipp: Kopieren Sie die Wortkarten zum Apfel auf braunes Tonpapier.

Apfel schälen
Apfel halbieren und vierteln
Kerngehäuse herausschneiden
Apfel in Scheiben schneiden
Apfel in Würfel schneiden
Apfel raspeln

Tipp: Kopieren Sie die Wortkarten zur Birne auf mittelgrünes Tonpapier.

Birne schälen
Birne halbieren und vierteln
Kerngehäuse herausschneiden
Birne in Scheiben schneiden

Tipp: Kopieren Sie die Wortkarten zur Banane auf hellgelbes Tonpapier.

Banane schälen

Banane in Scheiben schneiden

Tipp: Kopieren Sie die Wortkarten zur Orange auf orangefarbiges Tonpapier.

Enden abschneiden

Schale einritzen

Orange schälen

Orange halbieren, Inneres entfernen

Orange in Spalten teilen

Orange in Stücke schneiden

Tipp: Kopieren Sie die Wortkarten zur Zitrone auf dunkelgelbes Tonpapier.

Zitrone rollen

Zitrone halbieren

Zitrone auspressen

Zitronenschale abreiben

Tipp: Kopieren Sie die Wortkarten zur Kiwi auf olivgrünes Tonpapier.

Enden abschneiden

Kiwi schälen

Kiwi halbieren

Kiwi in Scheiben schneiden

Tipp: Kopieren Sie die Wortkarten zur Erdbeere auf rotes Tonpapier.

Erdbeeren im Sieb waschen

Strunk entfernen

Erdbeere halbieren

Erdbeere in Scheiben schneiden

Tipp: Kopieren Sie die Wortkarten zur Weintraube auf hellgrünes Tonpapier.

Weintrauben waschen

Weintrauben zupfen

Weintrauben halbieren

Kerne entfernen

Tipp: Kopieren Sie die Wortkarten zur Pflaume auf violettes Tonpapier.

Pflaume halbieren

Kern entfernen

Saisonkalender

	Jan.	Feb.	März	April	Mai	Juni	Juli	Aug.	Sept.	Okt.	Nov.	Dez.
Apfel												
Pflaume												
Birne												
Erdbeere												
Wein-traube												

Süd-früchte	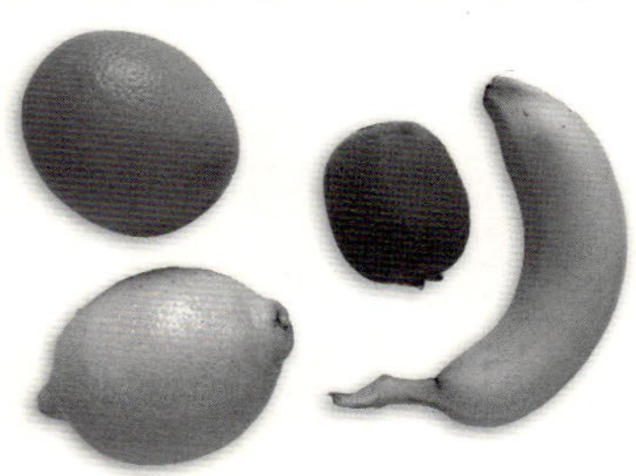	Bananen, Kiwis und Zitrusfrüchte sind Südfrüchte, die bei uns nicht wachsen und das ganze Jahr über importiert werden.

Ch. Troll, M. Hartl, N. Lohmann: Hauswirtschaft in Bildern. Obst vorbereiten für Anfänger

Legespiel „Obst"

Hinweise für die Herstellung

- Lösungsstreifen, Legefeld und Legekärtchen auf DIN A3 vergrößern
- Legekärtchen entlang der gestrichelten Linien ausschneiden
- Auf Tonpapier kopieren und laminieren
- Die Legekärtchen am besten in einer kleinen Schachtel oder einem Umschlag aufbewahren, damit keine Kärtchen verloren gehen

Mithilfe des Lösungsstreifen können die Schüler selbstständig kontrollieren.

Legespiel „Obst"

Ordne die Obstbilder richtig zu!

Kontrolliere mit dem Lösungsstreifen!

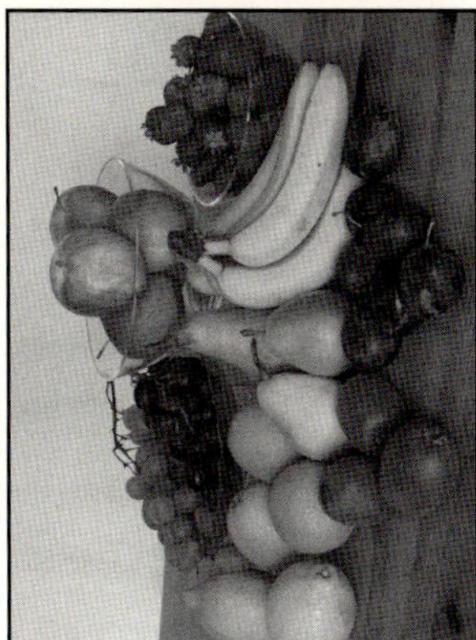

Kernobst	Steinobst	Beerenobst	Südfrüchte

Lösungsstreifen „Obst“			
			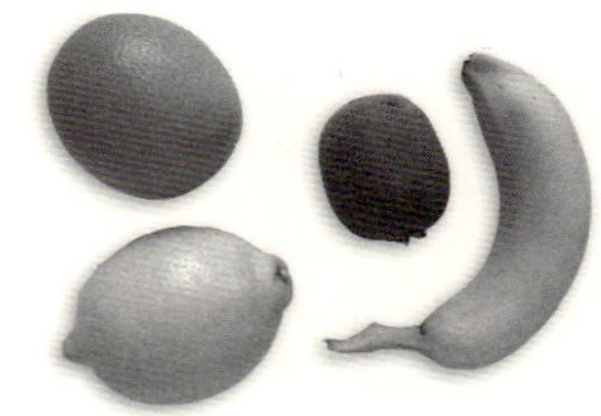
Kernobst z. B. Apfel, Birne, Quitte	**Steinobst** z. B. Pflaume, Aprikose, Kirsche, Nektarine	**Beerenobst** z. B. Weintraube, Brombeere, Erdbeere	**Südfrüchte** z. B. Zitrusfrüchte, Ananas, Feige, Banane, Kiwi

 **Apfel**	 **Pflaume**	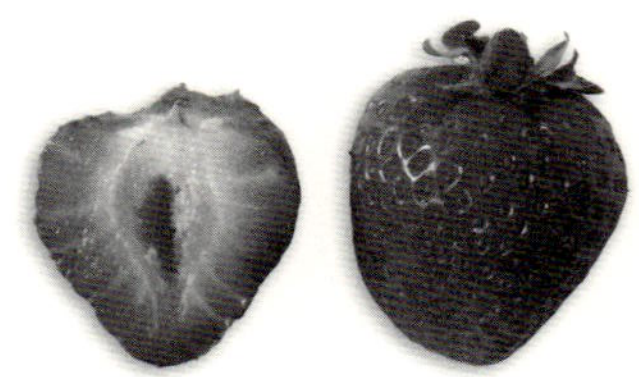 **Erdbeere**	 **Banane**
 **Birne**	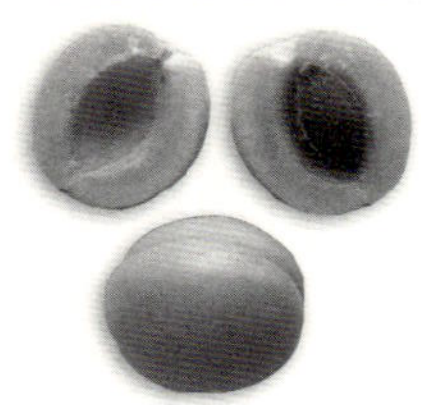 **Aprikose**	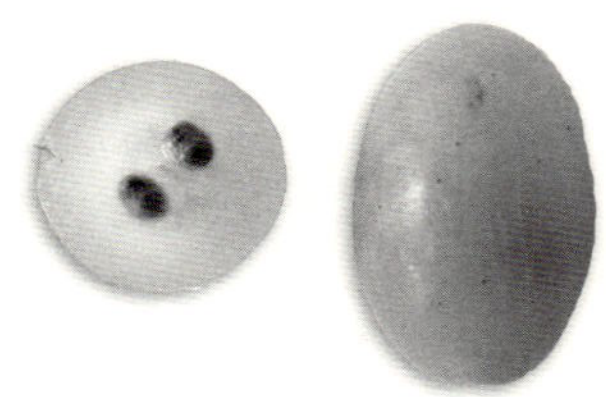 **Weintraube**	 **Kiwi**
 **Quitte**	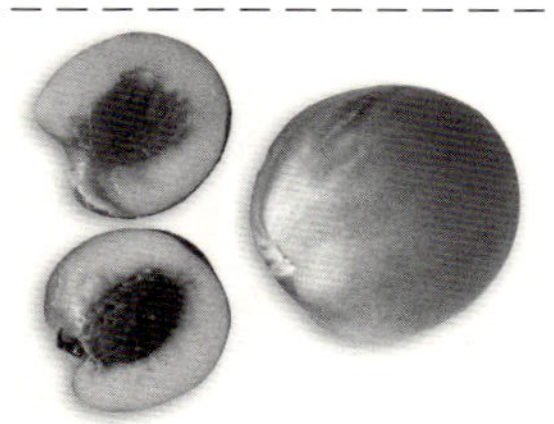 **Nektarine**	 **Brombeere**	 **Zitrusfrüchte**

3 Arbeitsblätter

Hinweise zum Einsatz der Arbeitsblätter

- Sowohl das Arbeitsblatt zur Verarbeitungstechnik als auch das „Teste dein Wissen!“-Arbeitsblatt können in vielen verschiedenen Phasen des Unterrichts eingesetzt werden, z.B. als Gesamtzusammenfassung, zur Differenzierung oder als Hausaufgabe.
- Die Textbausteine auf den Arbeitsblättern zur Verarbeitungstechnik erleichtern Schülern das selbstständige Ausfüllen.
- Die Lösungen für die Wissensarbeitsblätter ermöglichen Schülern eine eigenständige Kontrolle.
- Die beiden Aufgabenkarten auf dieser Seite können zur Gruppen- und Partnerarbeit eingesetzt werden.

Aufgabenkarten

Weißt du Bescheid über Obst? ______________

1. Informiere dich auf der Gruppenkarte über die Obstart.
2. Welche wertvollen Inhaltsstoffe enthält diese Obstart?
   ____
3. Wann hat diese Obstart Saison? ______________
4. Was musst du beim Vorbereiten dieser Obstart beachten?
   ____
   ____
5. Nenne zwei typische Rezepte mit dieser Obstart.
   ____

Material:
- Gruppenkarte

Bist du ein Küchenprofi beim Schneiden von ______________

1. Bereite deinen Arbeitsplatz vor.
2. Zähle die Arbeitsschritte beim Zerkleinern in der richtigen Reihenfolge auf.
   ______________ ______________
   ______________ ______________
3. Welche Regeln beachtest du beim Schneiden?
   ____
   ____

Material:
- Gruppenkarte
- Arbeitsblatt
- Wortkarten

Name:	Klasse:	Datum:	Fach:	Nr.:

Wir schneiden Äpfel

Ergänze die Regeln !

Kerngehäuse gründlich entfernen!

Apfel dünn rundherum schälen!

Verwende den Tunnelgriff!

Arbeitsschritte:	**Beachte:**
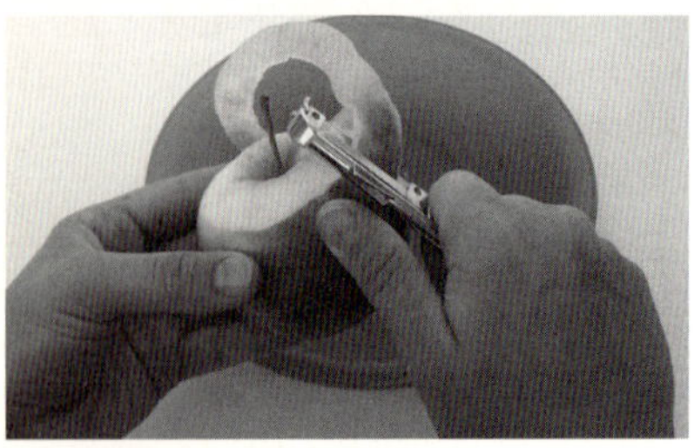 **1. Apfel schälen**	Die Vitamine und Mineralstoffe sitzen in und unter der Schale. ______________________
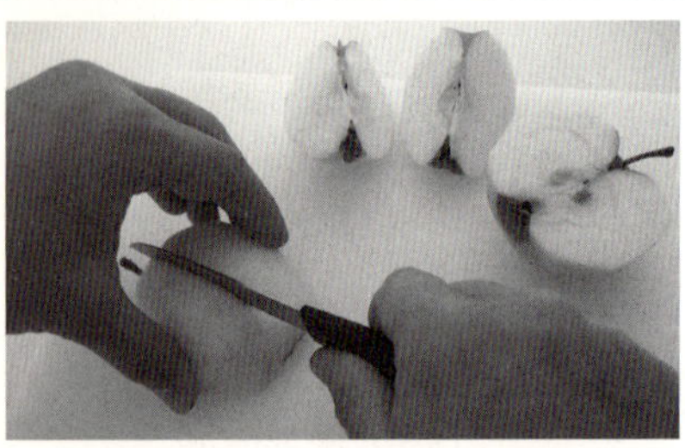 **2. Apfel halbieren / vierteln**	Vorsicht: Verletzungsgefahr! ______________________
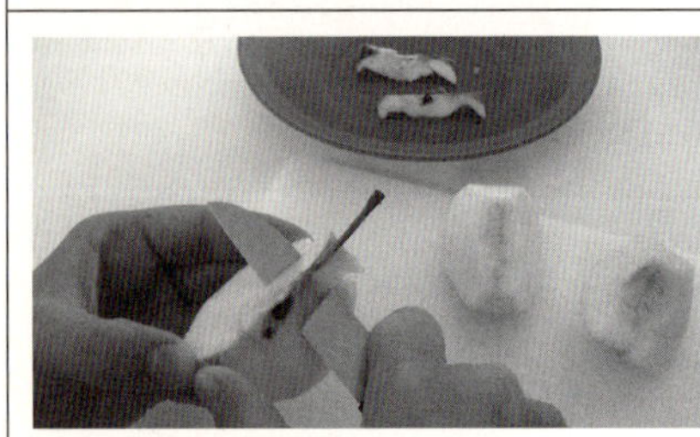 **3. Kerngehäuse herausschneiden**	Das Kerngehäuse ist sehr holzig und hart. ______________________ Vorsicht: Verletzungsgefahr!

4. Apfel zerkleinern		
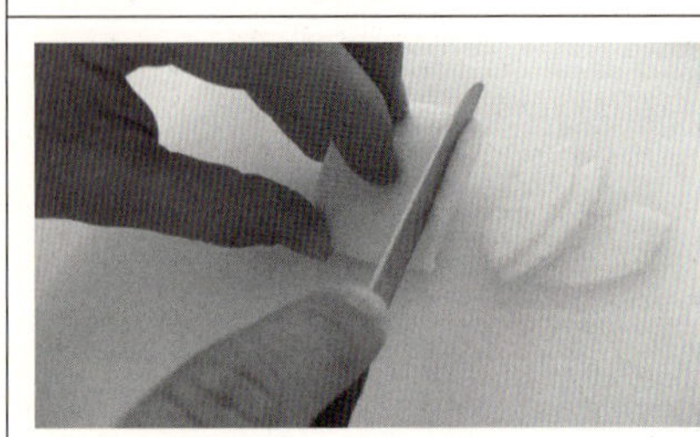 Apfel in Scheiben schneiden	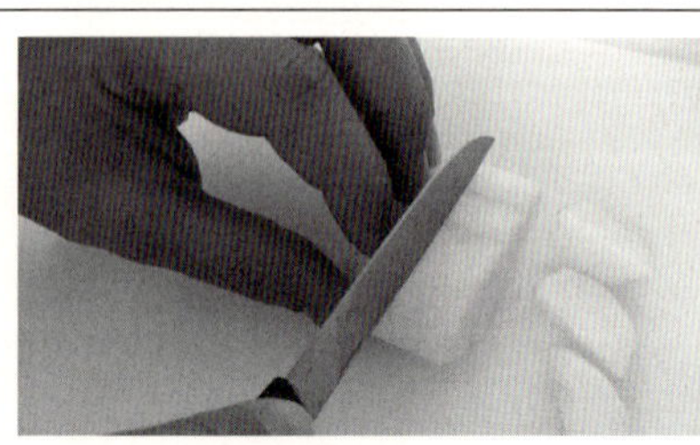 Apfel in Würfel schneiden	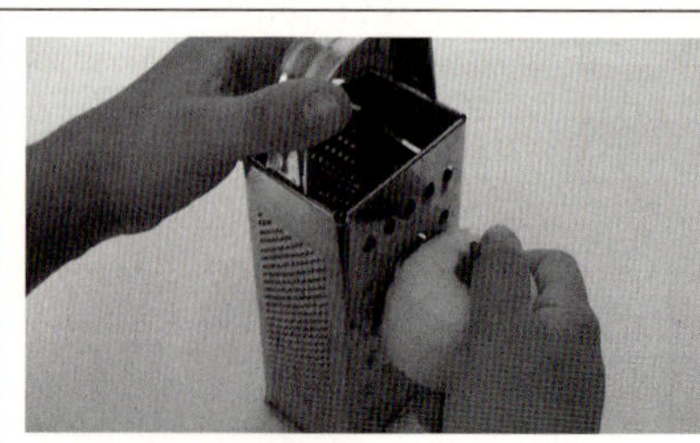 Apfel raspeln

Name:	Klasse:	Datum:	Fach:	Nr.:

Teste dein Wissen über den Apfel!

Da ist der Wurm drin!
Male bei falschen Aussagen den Wurm aus!

Jonafein ist eine bekannte Apfelsorte.

Aus Äpfeln kann man ein Getränk herstellen.

Der Apfel ist ein heimisches Obst.

Äpfel sind ein Steinobst.

Äpfel enthalten viele Vitamine und Mineralstoffe.

In und unter der Apfelschale sitzen die Vitamine und Mineralstoffe.

Birnen und Quitten sind Kernobst.

Geschnittene Äpfel werden leicht braun.

Äpfel enthalten keine Ballaststoffe.

Apfelschorle besteht aus Apfelsaft und Wasser.

Zitronensaft verhindert das Braunwerden von Äpfeln.

Äpfel sind sehr kalorienreich.

Ballaststoffe sind gut für eine geregelte Verdauung.

Äpfel lassen sich nur sehr kurz im Kühlschrank lagern.

Äpfel lassen sich in dunklen, kühlen Räumen gut lagern.

Lösung S. 32

Name:	Klasse:	Datum:	Fach:	Nr.:

Wir schneiden Birnen in Scheiben

Ergänze die Regeln!

Kerngehäuse gründlich entfernen!

Verwende den Krallengriff!

Birne dünn von oben nach unten schälen!

Verwende den Tunnelgriff!

Arbeitsschritte:	Beachte:
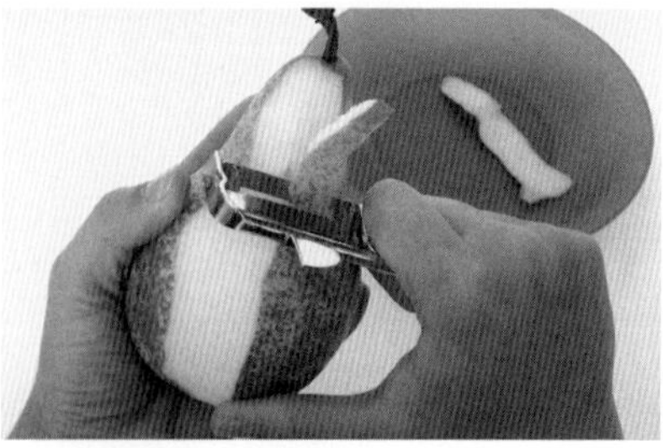 **1. Birne schälen**	Die Birne hat eine längliche Form.
 **2. Birne halbieren / vierteln**	Vorsicht: Verletzungsgefahr!
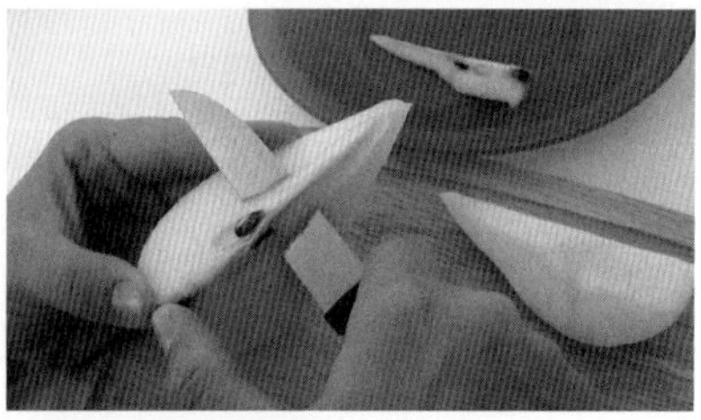 **3. Kerngehäuse herausschneiden**	Das Kerngehäuse ist sehr holzig und hart. Vorsicht: Verletzungsgefahr!
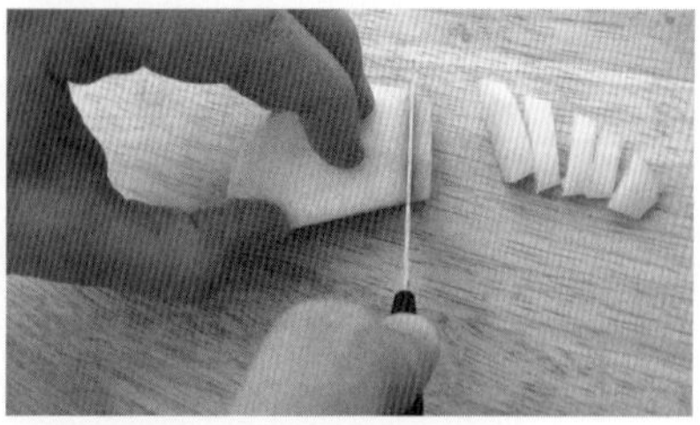 **4. Birne in Scheiben schneiden**	Die Birne zum Schneiden auf die glatte Seite legen!

Name:	Klasse:	Datum:	Fach:	Nr.:

Teste dein Wissen über die Birne!

Löse das Kreuzworträtsel!
Die Umlaute Ä, Ö und Ü werden auch so geschrieben.

Waagerecht:

2. Die Birne wurde erstmals in … gezüchtet.
3. Die Birne ist …, deshalb ist sie für Menschen mit Magenproblemen gut verdaulich.
4. Die Birne enthält den Mineralstoff … und wirkt förderlich bei Blutarmut.
8. Um zu verhindern, dass eine geschnittene Birne braune Stellen bekommt, muss man sie mit dem Saft einer … beträufeln.

Senkrecht:

1. Birnen sind ein …
5. Anbau: Die Birne ist eine … Obstsorte.
6. Beim Einkauf sollte man auf eine glatte und … Schale der Früchte achten.
7. Die Birne ist leicht …

Lösung S. 32

Name:	Klasse:	Datum:	Fach:	Nr.:

Wir schneiden Bananen in Scheiben

Ergänze die Regeln!

Die Banane mit einem Messer oben leicht einschneiden!

Verwende den Krallengriff!

Arbeitsschritte:	**Beachte:**
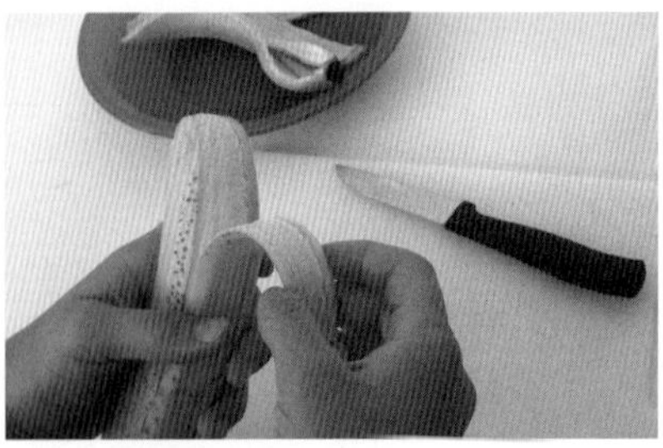 **1. Banane schälen**	Die Schale lässt sich manchmal schwer abziehen. ______________________ ______________________
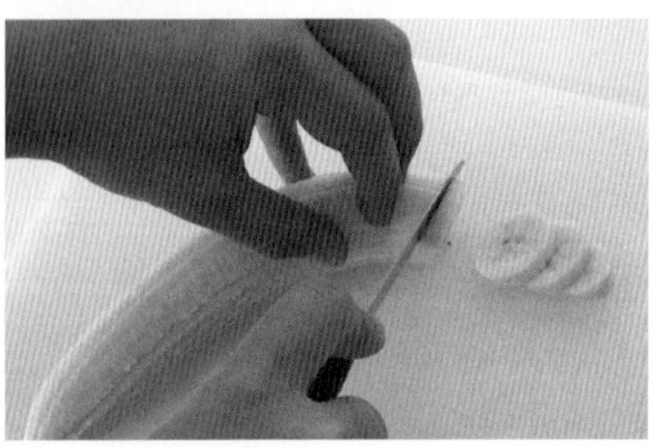 **2. Banane in Scheiben schneiden**	Die Banane nicht zu stark drücken, sonst kann es braune Stellen geben! ______________________ ______________________

Teste dein Wissen über die Banane!

Vervollständige die Sätze!

leicht	Südfrucht	Magnesium	banan	Kalium	Phosphor

Die Banane ist eine ______________________.

Das Wort Banane kommt vom arabischen Wort „______________________".

Die Banane ist ______________________ verdaulich.

Die Banane enthält viel Vitamine und Mineralstoffe, z. B. ______________________

____.

Name:	Klasse:	Datum:	Fach:	Nr.:

Wir schälen und zerkleinern Orangen

Ergänze die Arbeitsschritte!

Orange in Stücke schneiden | Orange halbieren und Inneres entfernen

Enden abschneiden | Orange schälen | Schale einritzen | Orange in Spalten teilen

Arbeitsschritte:	
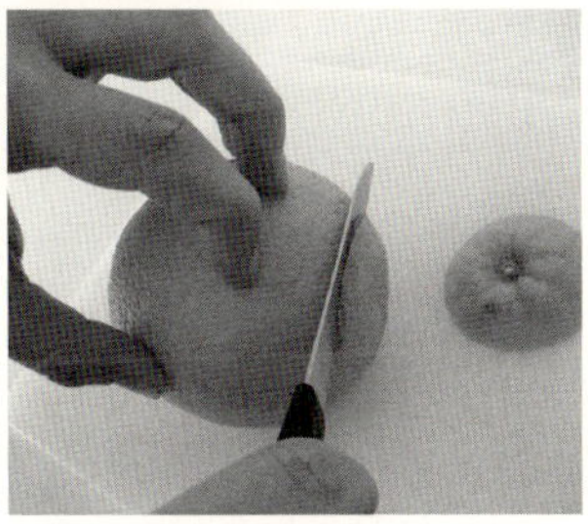 1. ________	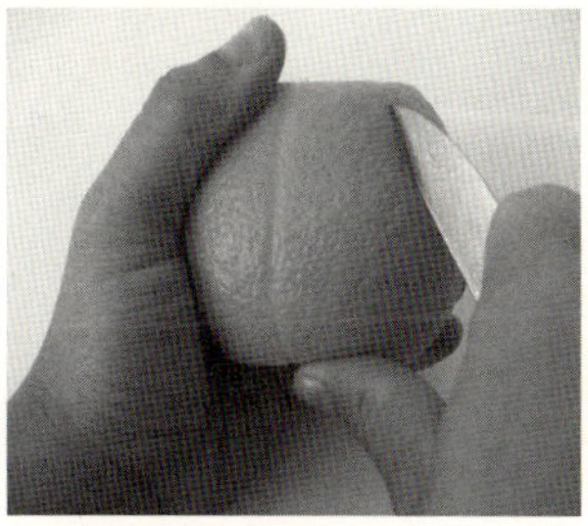 2. ________
Halte die Orange mit einer Hand gut fest.	Verwende ein kleines spitzes Messer.
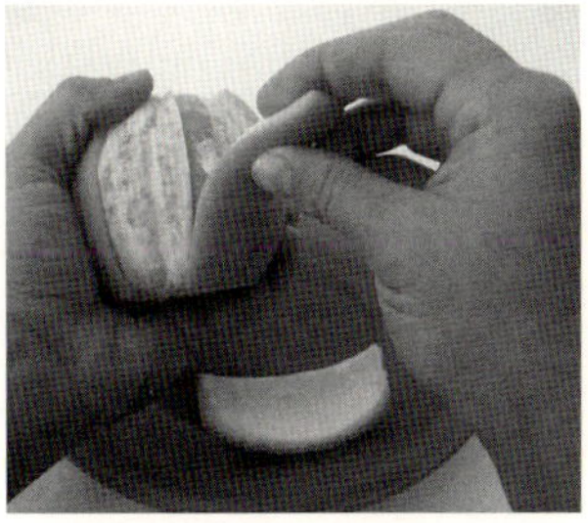 3. ________	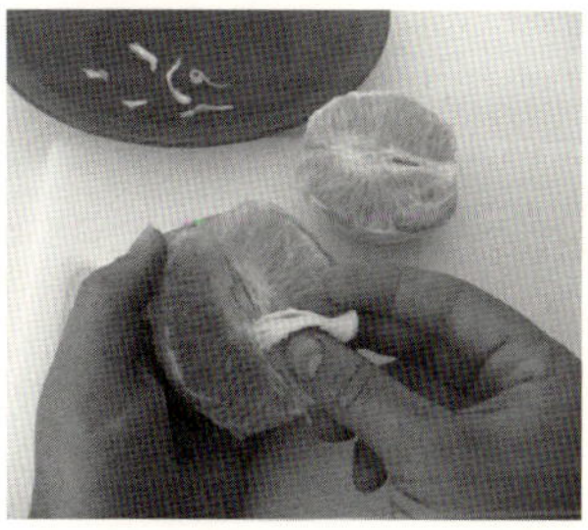 4. ________
Wasche dir nach dem Schälen gründlich die Hände, da die Schale mit ungesunden Konservierungsmitteln behandelt ist.	Entferne die weiße Unterhaut und das Innere gründlich, da es bitter schmeckt.
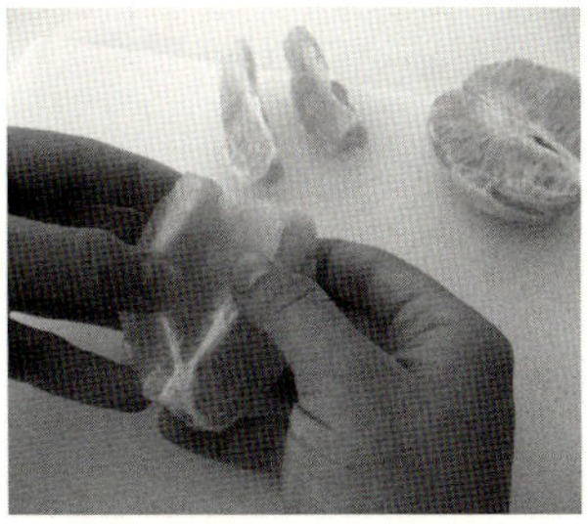 5. ________	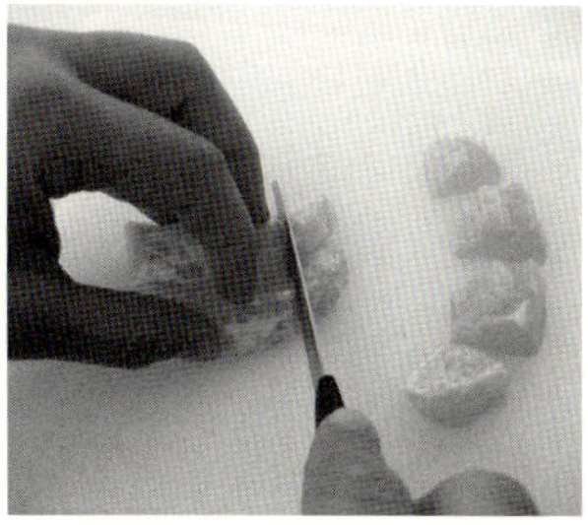 6. ________
Zerteile die Orange vorsichtig, damit nicht zu viel Saft verloren geht.	Verwende den Krallengriff.

Name:	Klasse:	Datum:	Fach:	Nr.:

Wir verarbeiten Orangen wie die Profis

Ergänze die Arbeitsschritte!

Orangenschale mit dem Messer wegschneiden | Orange halbieren

Orange reiben | Orange schälen | Orange auspressen

1. Orange auspressen

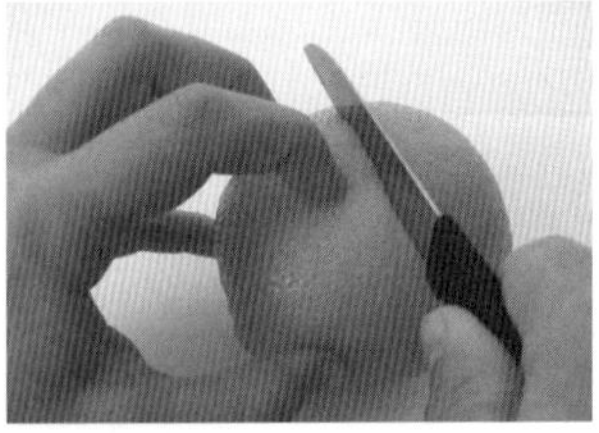

1. ______________________

____

____

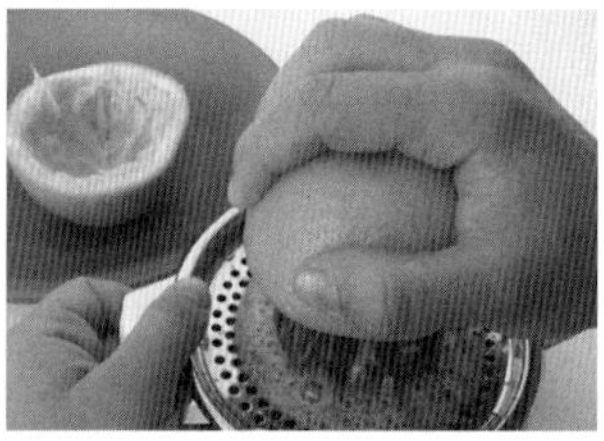

2. ______________________

____

____

Orange nicht durch den Strunkansatz halbieren.

Orange fest nach unten drücken.

2. Orangenschale reiben

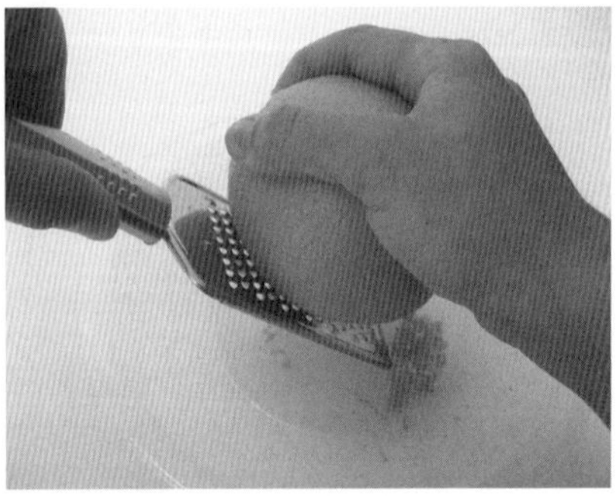

____

Wenn man die Schale von Orangen verwendet, muss man immer unbehandelte Früchte kaufen.

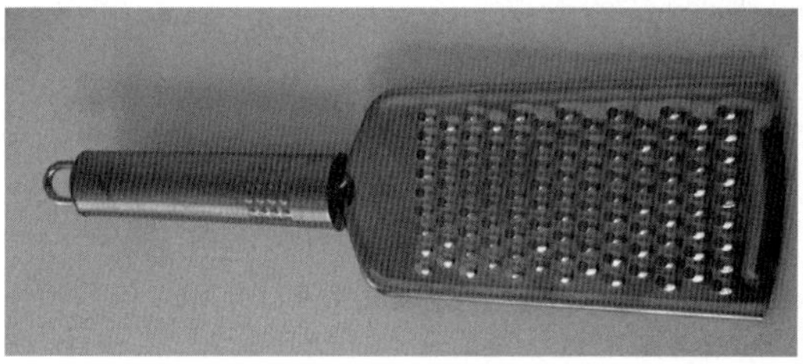

Reibe

3. Orange filetieren

1. ______________________

____

____

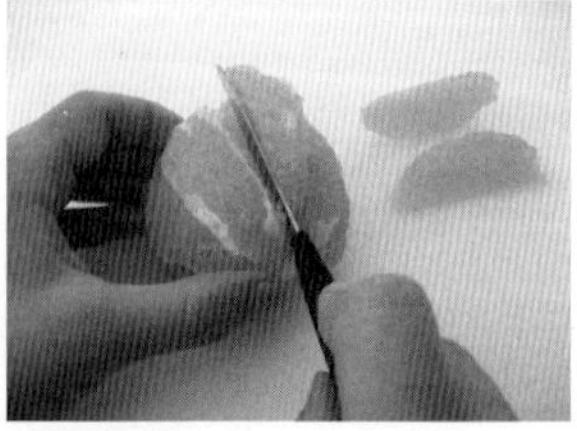

2. ______________________

____

____

Die Orangenhaut muss vollständig entfernt werden.

Schneide dicht neben der Spalteneinkerbung, damit du die Orangenfilets ganz herauslösen kannst.

Name:	Klasse:	Datum:	Fach:	Nr.:

Teste dein Wissen über die Orange!

1. **Lies und beantworte die Fragen.**
2. **In den Buchstabenorangen sind die richtigen Antworten versteckt. Kontrolliere dich selbst!**

Fragen:	**Antworten:**
1. Zu welcher Obstfamilie gehören Orangen und Zitronen?	______________________
2. Wie wird die Orange häufig noch bezeichnet?	______________________
3. Welche Orangensorte besitzt ein rötliches Fruchtfleisch?	______________________
4. Welcher Inhaltsstoff ist in Orangen viel enthalten?	______________________
5. Wie sollte die Frucht beim Einkauf sein? (2 Merkmale)	__________ und __________
6. Die weiße Unterhaut der Orange sollte gründlich entfernt werden. Wie schmeckt diese?	______________________

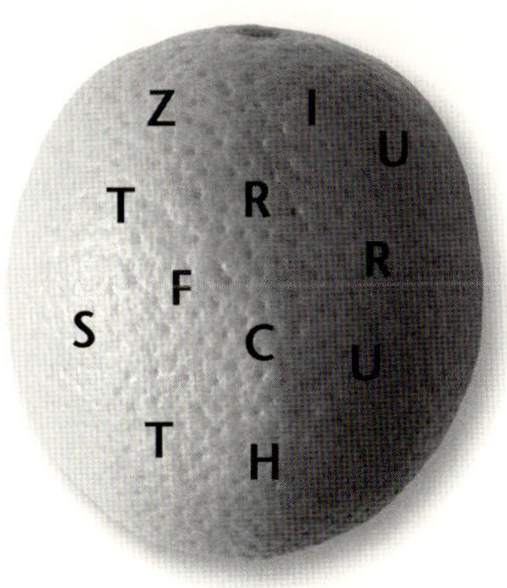

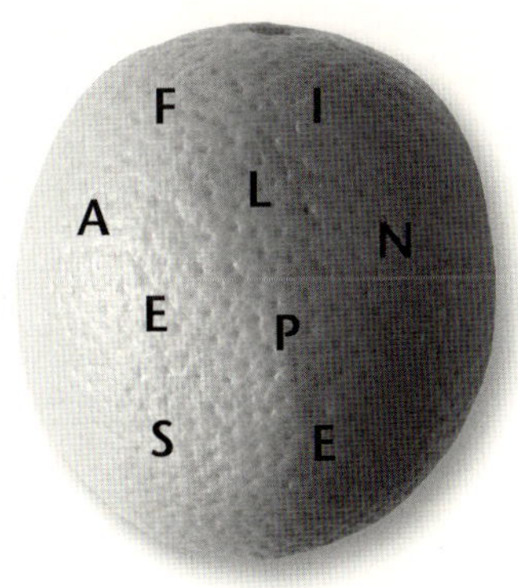

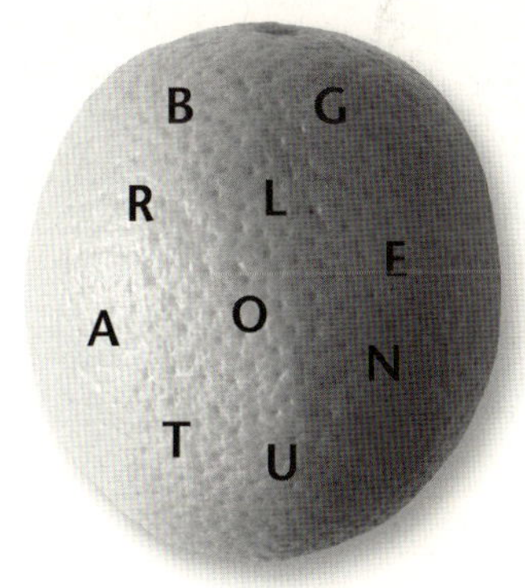

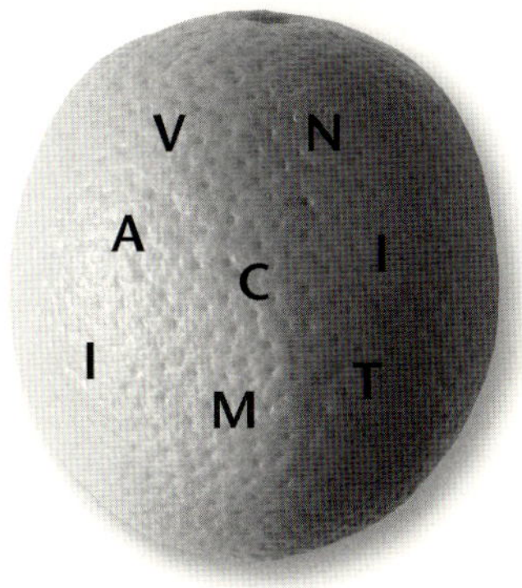

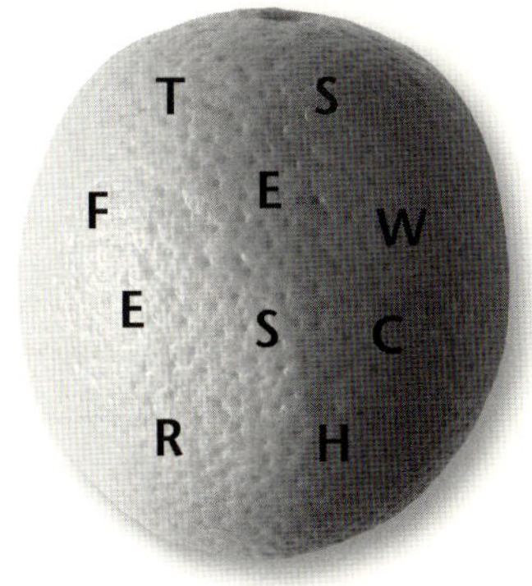

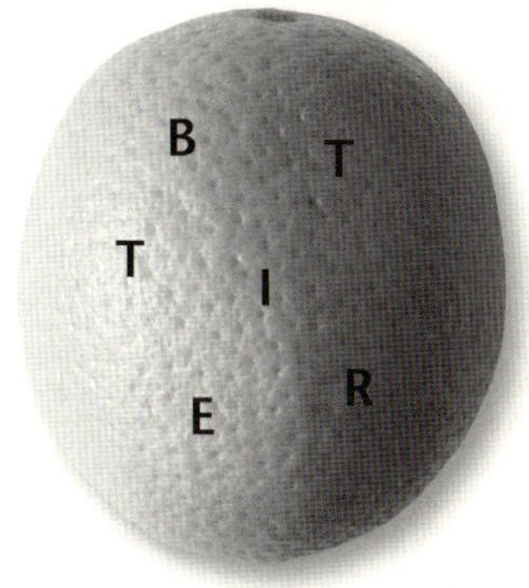

Lösung S. 32

Name:	Klasse:	Datum:	Fach:	Nr.:

Wir verarbeiten Zitronen

Ergänze die Regeln!

Reibe nur die gelbe Schale ab!

Zitrone durch die bauchige Mitte halbieren.

Rolle die Zitrone mit leichtem Druck über die Arbeitsfläche!

Saft gründlich auspressen!

Arbeitsschritte: Zitronensaft	Beachte:
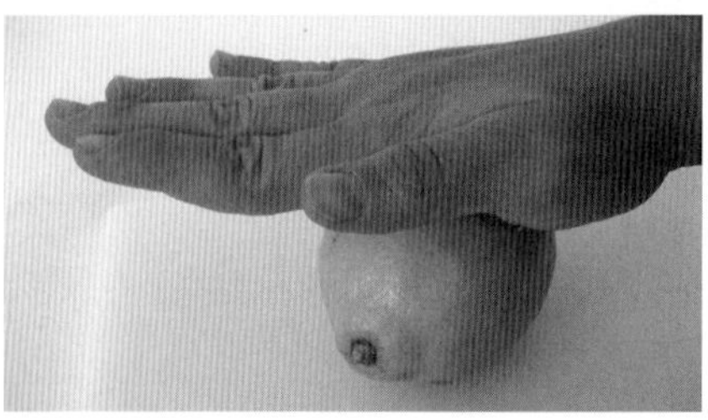 **1. Zitrone rollen**	Durch das Rollen der Zitrone auf der Arbeitsfläche platzen die Zellwände und die Zitrone lässt sich leichter auspressen.
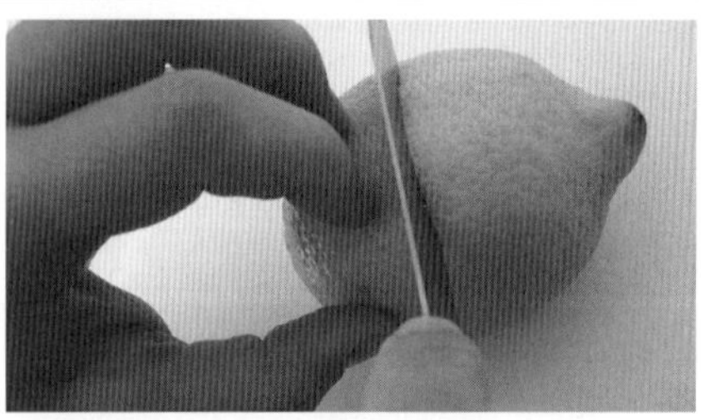 **2. Zitrone halbieren**	Zitrone in der Mitte halbieren.
 **3. Zitrone auspressen**	Zitronenhälfte gleichmäßig mit festem Druck hin und her drehen.

Arbeitsschritt: Zitronenschale	Beachte:
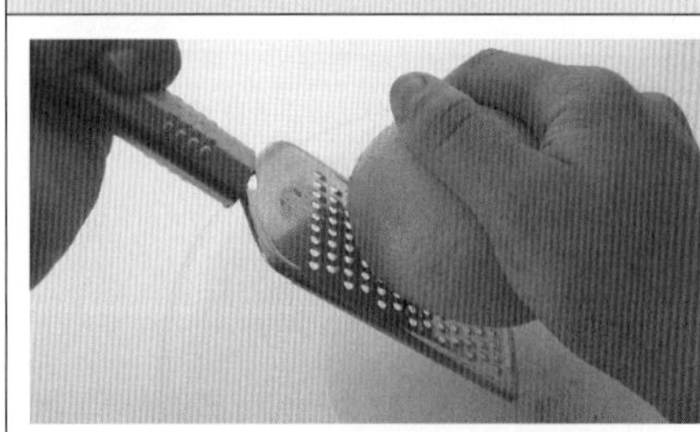 **1. Zitronenschale abreiben**	Die weiße Haut unter der Schale schmeckt bitter.

Name:	Klasse:	Datum:	Fach:	Nr.:

Teste dein Wissen über die Zitrone!

1. Finde die richtigen Antworten.
2. Trage die Lösungsbuchstaben unten in die Kästchen ein, dann erhältst du das Lösungswort!

1. Ergänze das Sprichwort: „Sauer macht …"

munter	heiter	lustig
L	E	H

2. Welche Zitrone kaufst du, wenn du die Schale abreiben möchtest?

grüne Zitrone	unbehandelte Zitrone	mittelgroße Zitrone
I	E	O

3. Zitronen enthalten besonders viel Vitamin C und dies stärkt die …

Abwehrkräfte	Muskelkraft	Sehstärke
I	F	S

4. Welche Frucht gehört nicht zu den Zitrusfrüchten?

Orange	Grapefruit	Ananas
R	A	S

5. Zitronensaft verwendet man in der Küche als …?

Säuerungsmittel	Bindemittel	Lösungsmittel
S	F	D

6. Zitronensaft verhindert bei angeschnittenen Früchten das …?

Verkochen	Verfärben	Verlaufen
H	E	R

Lösungswort:
(Das Lösungswort ist ein bewährtes Hausmittel bei Erkältung.)

1	2	3	4	5	6	
						Zitrone

Lösung S. 33

Name:	Klasse:	Datum:	Fach:	Nr.:

Wir schneiden Kiwis in Scheiben

Ergänze die Regeln!

Evtl. ein Messer verwenden! | Stielansatz großzügig entfernen!

Verwende den Tunnelgriff! | Verwende den Krallengriff!

Arbeitsschritte:	Beachte:
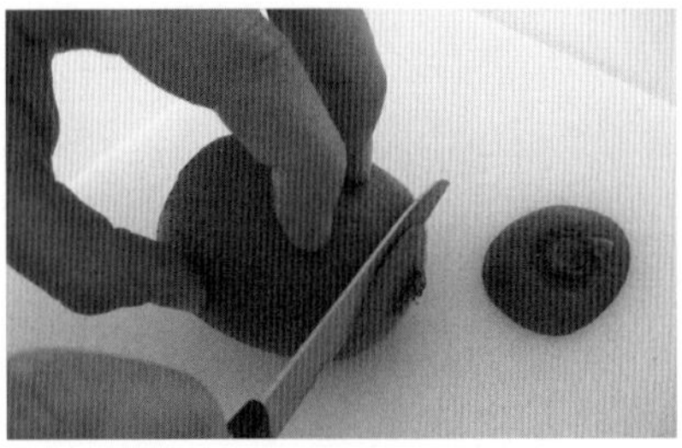 **1. Enden abschneiden**	Der Stielansatz ist sehr hart und holzig. ________________ ________________
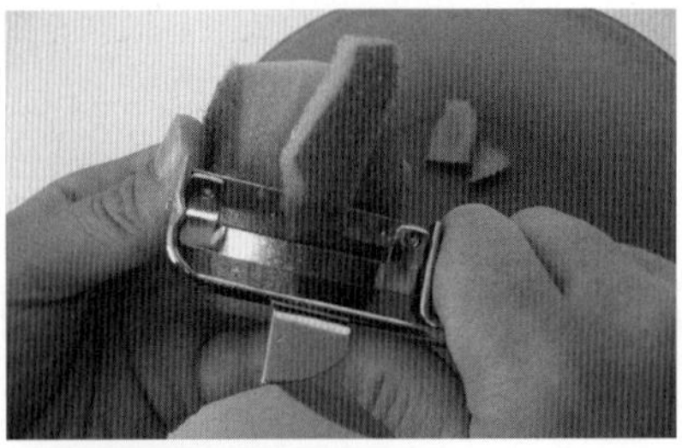 **2. Kiwi schälen**	Sehr reife, weiche Kiwis kann man nur schwer mit einem Schäler schälen. ________________ ________________
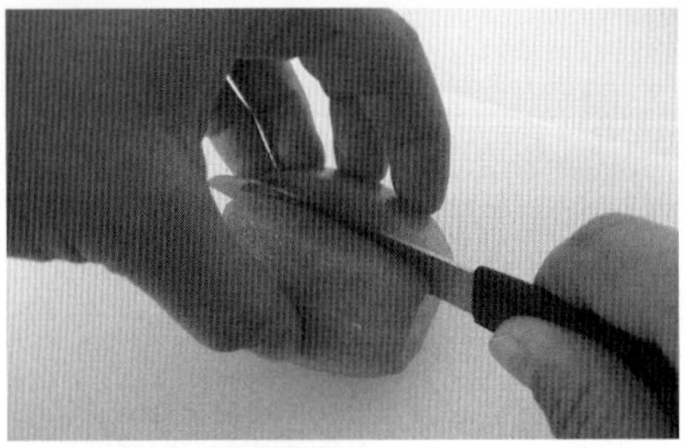 **3. Kiwi schälen**	Kiwi der Länge nach durchschneiden. ________________ ________________
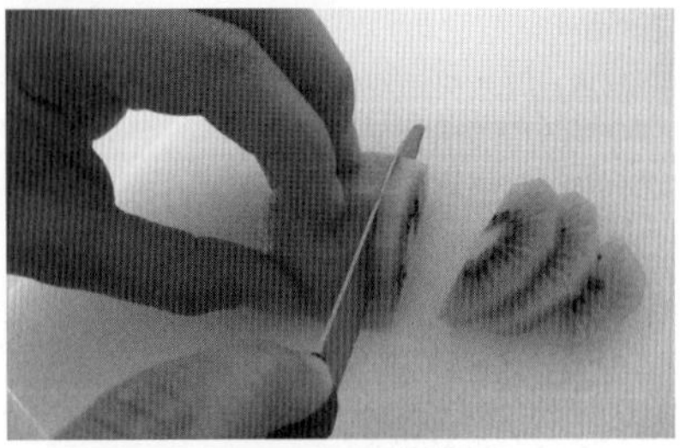 **4. Kiwi in Scheiben schneiden**	Kiwi mit der glatten Seite auf das Brett legen! ________________ ________________

Name:	Klasse:	Datum:	Fach:	Nr.:

Teste dein Wissen über die Kiwi!

Trage den richtigen Buchstaben in das Kästchen ein!

1. Zu welcher Gruppe gehört die Kiwi?

Lösungen

A	B	C	
Südfrüchte	Kernobst	Steinobst	

2. Aus welchem Land stammte die Kiwi ursprünglich?

A	B	C	
Frankreich	Amerika	China	

3. Seit wie viel Jahren gibt es die Kiwi in Deutschland im Supermarkt?

A	B	C	
100 Jahre	50 Jahre	200 Jahre	

4. Von welchem Vitamin enthält die Kiwi eine volle Tagesration?

A	B	C	
Vitamin A	Vitamin B	Vitamin C	

5. Mit welchen Lebensmitteln sollte man die Kiwi nicht mischen, da sie sonst bitter schmeckt?

A	B	C	
Milchprodukte	Wurst	Gelatine	

6. Wo bewahrst du eine harte Kiwi auf?

A	B	C	
im Kühlschrank, damit sie frisch bleibt	bei Zimmertemperatur, damit sie nachreift	in der Tiefkühltruhe	

6. Welches Messer verwendest du zum Schneiden einer Kiwi?

A	B	C	
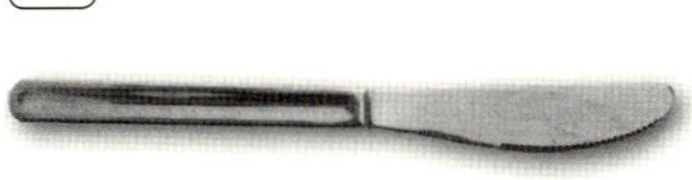		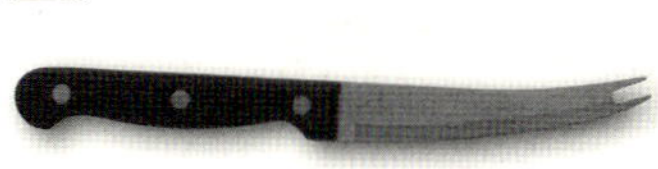	

Lösung S. 33

Wir schneiden Erdbeeren in Scheiben

Ergänze die Regeln !

Kelchblätter erst nach dem Waschen entfernen!

Verwende den Krallengriff!

Verwende den Tunnelgriff!

Erdbeeren in kleinen Portionen kurz in einem Sieb waschen!

Arbeitsschritte:	**Beachte:**
 **1. Erdbeeren waschen**	Erdbeeren verlieren im Wasser ihr Aroma und werden schwammig. Damit die Oberfläche geschlossen bleibt, … ____________ ____________
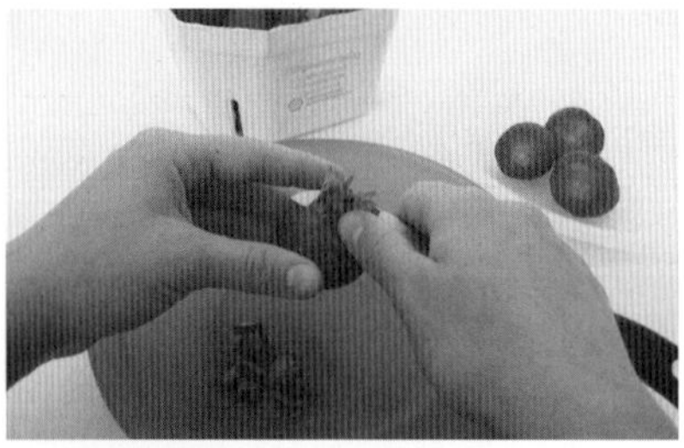 **2. Strunk entfernen**	Erdbeeren sind sehr druckempfindlich. ____________ ____________
 **3. Erdbeere halbieren**	Erdbeere längs durchschneiden. ____________ ____________
 **4. Erdbeere in Scheiben schneiden**	Erdbeere mit der glatten Seite auf das Brett legen und mit den Fingerspitzen gut festhalten. ____________ ____________

Name:	Klasse:	Datum:	Fach:	Nr.:

Teste dein Wissen über die Erdbeere!

Ergänze das Kreuzworträtsel und finde das Lösungswort!
Die Umlaute Ä, Ö und Ü werden auch so geschrieben!

Eine Erdbeere hat mehrere Samen, die außen auf der Haut sitzen. Sie ist deshalb eine ...?

1	2	3	4	5	6	7	8	9	10	11	12
___	___	___	___	___	___	___	___	___	___	___	___

❶ Wo bewahrst du Erdbeeren auf? Im ...

❷ Wie heißt der Griff, mit dem du Erdbeeren beim Halbieren hältst?

❸ Fürst-Pückler-Eis hat 3 Eissorten: Vanille, Erdbeere und ...?

❹ Gegen welche Krankheit helfen Erdbeeren?

❺ Wenn Erdbeeren mit Zucker eingekocht werden, entsteht ...?

❻ Was machst du zuerst: waschen oder putzen?

❶				6				8			
❷	12										
❸			11								
❹					2		3+4				
❺				7							
❻			1								
❼			5								
❽		9									
❾	10										

❼ Worin wäschst du empfindliche Erdbeeren?

❽ Nenne einen Monat, in dem die Erdbeeren Saison haben.

❾ Welcher Vitamingehalt ist in der Erdbeere besonders hoch?

Lösung S. 33

Name:	Klasse:	Datum:	Fach:	Nr.:

Wir verarbeiten Weintrauben

Ergänze die Regeln !

Ungenießbare Trauben aussortieren!

Verwende den Tunnelgriff!

Vorsichtig, aber gründlich waschen!

Kerne mit einem spitzen Messer sorgfältig entfernen!

Arbeitsschritte:	Beachte:
 **1. Weintrauben waschen**	Häufig sind Weintrauben mit chemischen Sprühmitteln behandelt. ________________ ________________
 **2. Weintrauben zupfen**	Weintrauben einzeln vom Stiel zupfen. ________________ ________________
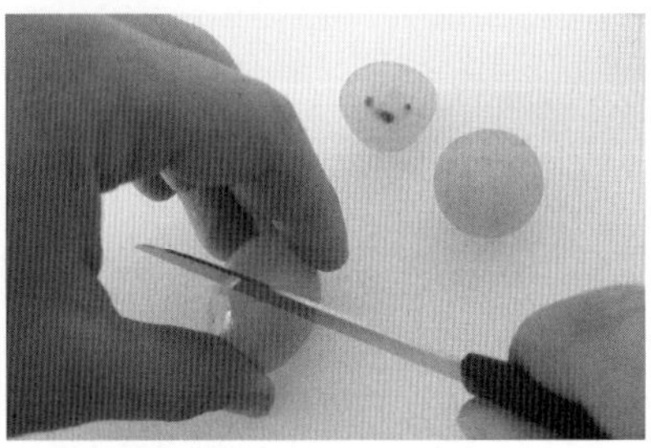 **3. Weintrauben halbieren**	Weintrauben sind meist klein und schwierig zu halbieren. ________________ ________________
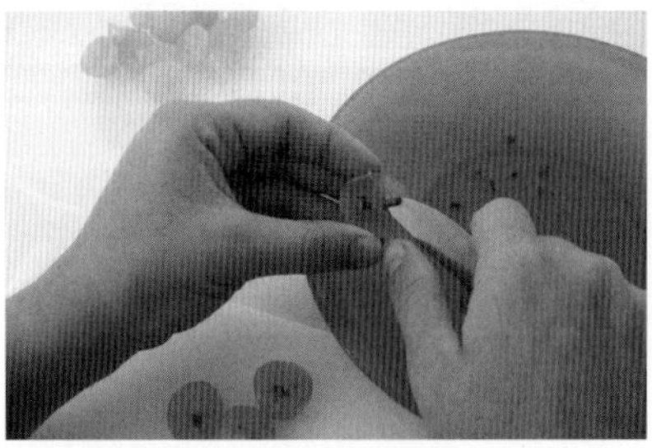 **4. Kerne entfernen**	Die Kerne haben viele Ballaststoffe, schmecken aber bitter. ________________ ________________

Name:	Klasse:	Datum:	Fach:	Nr.:

Teste dein Wissen über die Weintraube!

1. **Beantworte die Fragen und kreuze die richtigen Anworten an.**
2. **Überprüfe die Antworten. Der Weg zeigt dir, ob deine Antwort richtig ist.**

1. Aus was setzt sich eine Weintraube zusammen?

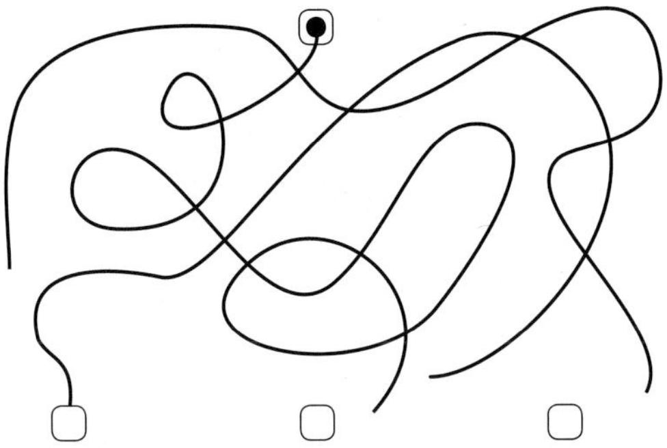

Blättern **Weinbeeren** **Kernen**

2. Wie schmecken die Kerne der Weintrauben?

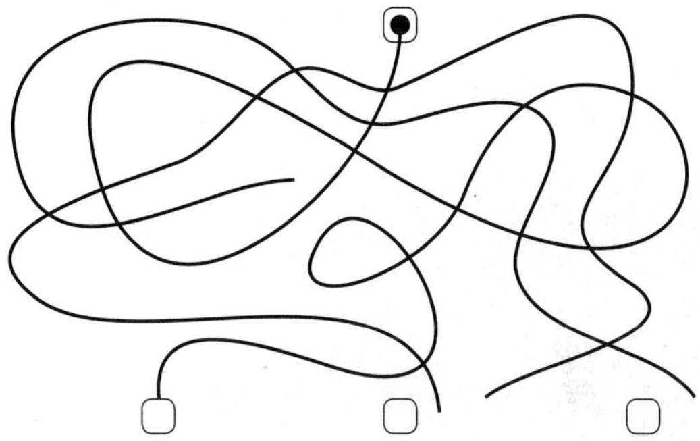

bitter **salzig** **süßlich**

3. Was wird aus Weintrauben hergestellt?

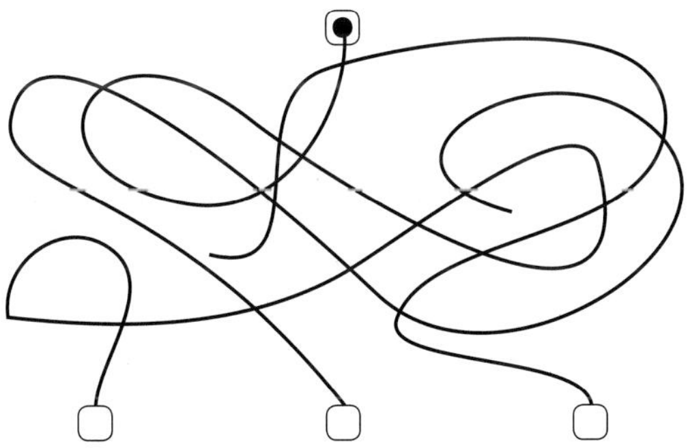

Rosinen **Mehl** **Margarine**

4. Wann hat die Weintraube keine Saison?

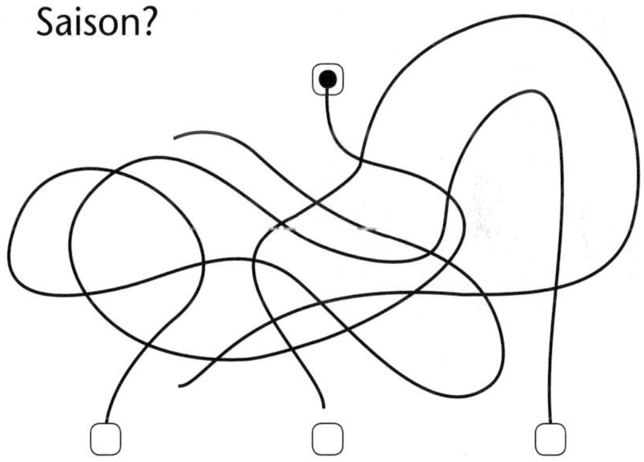

Sept. **Okt.** **Mai**

5. Zu welchem Lebensmittel wird die Traube gerne gereicht?

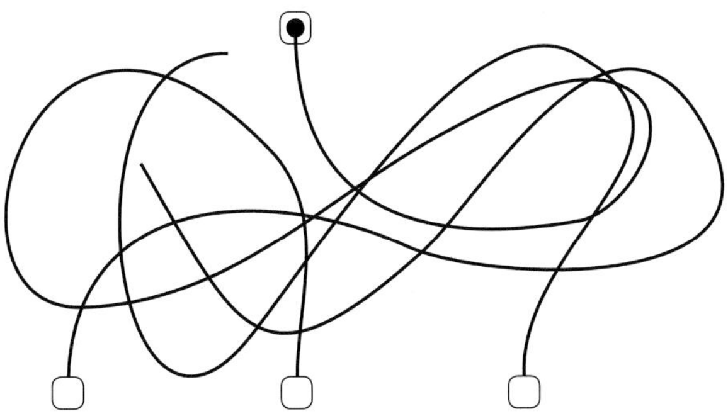

Wurst **Käse** **Eier**

6. Wie werden Weintrauben im Handel angeboten?

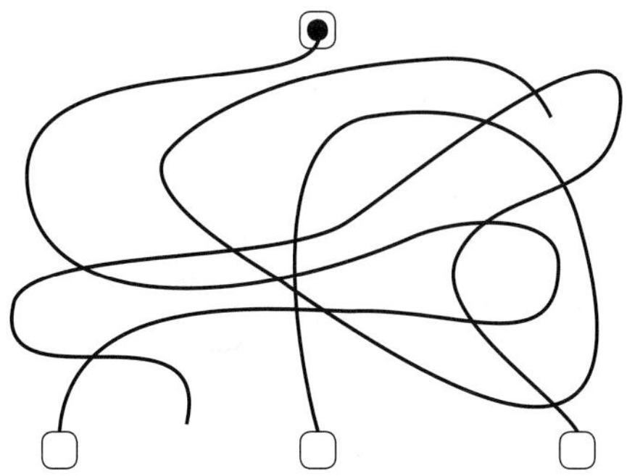

kernlos **entkernt** **enteist**

Lösung S. 33

Name:	Klasse:	Datum:	Fach:	Nr.:

Wir entkernen Pflaumen

Ergänze die Regeln!

Zum Öffnen die Pflaumenhälften leicht drehen!

Pflaume vor dem Halbieren leicht drücken!

Arbeitsschritte:	Beachte:
 **1. Pflaume halbieren**	Reife, weiche Pflaumen lassen sich leichter öffnen als unreife, harte Früchte. ______ ______
 **2. Kern entfernen**	Manchmal löst sich der Kern sehr schwer aus der Pflaume. ______ ______

Teste dein Wissen über die Pflaume!

Verbinde mit Pfeilen!

Die Pflaume ist …	… Zwetschgen, Reneclauden und Mirabellen.
Zum Steinobst gehören auch …	… 3–4 Tage lagern, vorher nicht waschen.
Pflaumensorten sind: …	… Nektarinen, Aprikosen, Pfirsiche und Pflaumen.
Frische Pflaumen erkennt man daran, dass …	… dann löst sich der Kern besser.
Pflaumen vor dem Halbieren leicht drücken, …	… der Stielansatz nicht runzlig ist.
Pflaumen im Kühlschrank maximal …	… ein Steinobst.

Lösung S. 33

Lösungen zu den Arbeitsblättern

Teste dein Wissen über den Apfel!

Falsche Aussagen sind mit einem dunkelgrauen Wurm gekennzeichnet.

Lösungen zu den Arbeitsblättern

Teste dein Wissen über die Birne!

						1.				6.			
		5.				K				F			
		H		2.	P	E	R	S	I	E	N		
		E				R				S			
8.	Z	I	T	R	O	N	E		7.	T			
		M				O			V	E			
		I				B			E				
		S			3.	S	Ä	U	R	E	A	R	M
		C				T			D				
		H							A				
		E							U				
									L				
							4.	E	I	S	E	N	
									C				
									H				

Teste dein Wissen über die Banane!

Die Banane ist eine Südfrucht.

Das Wort Banane kommt vom arabischen Wort „banan“.

Die Banane ist leicht verdaulich.

Die Banane enthält viel Vitamine und Mineralstoffe, z. B. Kalium, Magnesium und Phosphor.

Teste dein Wissen über die Orange!

Fragen:	Antworten:
Zu welcher Obstfamilie gehören Orangen und Zitronen?	*Zitrusfrüchte*
Wie wird die Orange häufig noch bezeichnet?	*Apfelsine*
Welche Orangensorte besitzt ein rötliches Fruchtfleisch?	*Blutorange*
Welcher Inhaltsstoff ist in Orangen viel enthalten?	*Vitamin C*
Wie sollte die Frucht beim Einkauf sein? (2 Merkmale)	*fest* und *schwer*
Die weiße Unterhaut der Orange sollte gründlich entfernt werden. Wie schmeckt diese?	*bitter*

Teste dein Wissen über die Zitrone!

Lösungswort:
(bewährtes Hausmittel bei Erkältung)

1	2	3	4	5	6
H	E	I	S	S	E

Zitrone

Teste dein Wissen über die Kiwi!

Lösung:
1 A, 2 C, 3 B, 4 C, 5 A, 6 A, 7 B

Teste dein Wissen über die Erdbeere!

Die Erdbeere setzt sich aus mehreren Samen zusammen, die außen auf der Haut sitzen. Sie ist deshalb eine …?

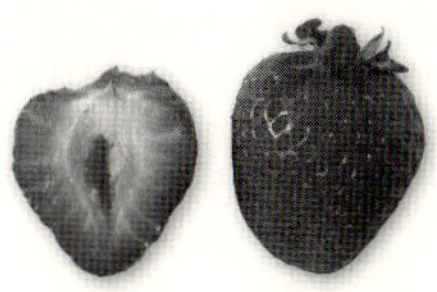

Lösungen:

S	A	M	M	E	L	F	R	U	C	H	T
1	2	3	4	5	6	7	8	9	10	11	12

❶	K	Ü	H	L_{6}	S	C	H	R_{8}	A	N	K
❷	T_{12}	U	N	N	E	L	G	R	I	F	F
❸	S	C	H_{11}	O	K	O	L	A	D	E	
❹	B	L	U	T	A_{2}	R	M_{3+4}	U	T		
❺	K	O	N	F_{7}	I	T	Ü	R	E		
❻	W	A	S_{1}	C	H	E	N				
❼	S	I	E_{5}	B							
❽	J	U_{9}	N	I							
❾	C_{10}										

Teste dein Wissen über die Weintraube!

1. Aus was setzt sich eine Weintraube zusammen?
   Weinbeeren
2. Wie schmecken die Kerne der Weintrauben?
   bitter
3. Was wird aus Weintrauben hergestellt?
   Rosinen
4. Wann hat die Weintraube keine Saison?
   Mai
5. Zu welchem Lebensmittel wird die Traube gerne gereicht?
   Käse
6. Wie werden Weintrauben im Handel angeboten?
   kernlos

Teste dein Wissen über die Pflaume!

Die Pflaume ist …
Zum Steinobst gehören auch …
Pflaumensorten sind: …
Frische Pflaumen erkennt man daran, dass …
Pflaumen vor dem Halbieren leicht drücken, …
Pflaumen im Kühlschrank maximal …

… Zwetschgen, Reneclauden und Mirabellen.
… 3–4 Tage lagern, vorher nicht waschen.
… Nektarinen, Aprikosen, Pfirsiche und Pflaumen.
… dann löst sich der Kern besser.
… der Stielansatz nicht runzlig ist.
… ein Steinobst.

4 Rezepte

Hinweise zum Einsatz der Rezepte

Wir haben Rezepte mit unterschiedlichem Schwierigkeitsgrad bzw. Arbeitsumfang zusammengestellt. Somit sind Rezepte für alle unterschiedlichen Schultypen und Jahrgangsstufen vorhanden.

Zu jeder Obstart gibt es 1–2 Rezepte. Die Arbeitsschritte zum Vorbereiten und Schneiden der einzelnen Obstarten sind bei jedem Rezept unten als Streifen eingefügt. Diese Phasenbilder können Sie als Arbeitsanweisung für die Schülerpraxis verwenden. Dies ist bei der wiederholten Umsetzung eines Rezepts besonders sinnvoll, da die Fotos den Schülern selbsttätiges Arbeiten ermöglichen.

Verwendete Abkürzungen

B.	Becher
Bd.	Bund
EL	Esslöffel
LM	Lebensmittel
Msp.	Messerspitze
Päck.	Päckchen
Pr.	Prise
Sch.	Scheibe
St.	Stück
TL	Teelöffel

Beispiel Fotostreifen

Äpfel in Scheiben schneiden

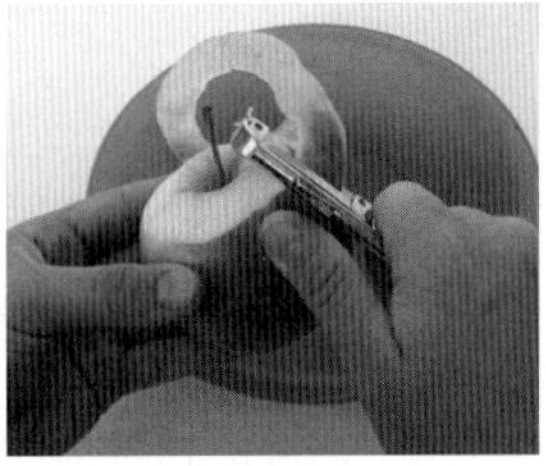

1. Apfel schälen

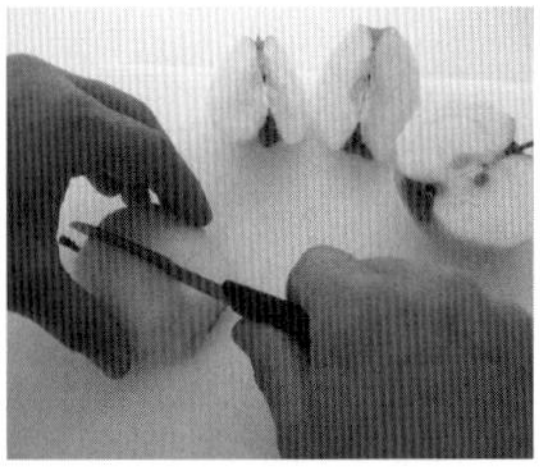

2. Apfel halbieren und vierteln

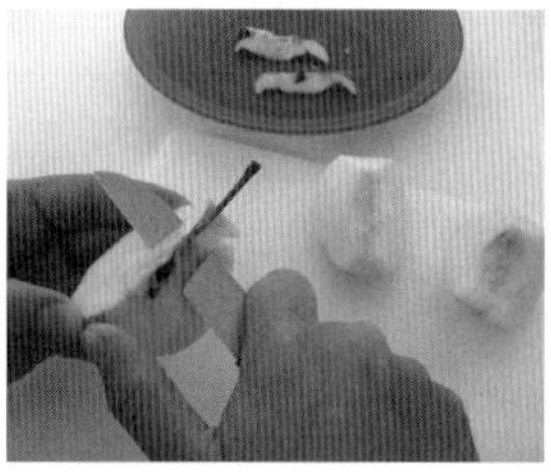

3. Kerngehäuse herausschneiden

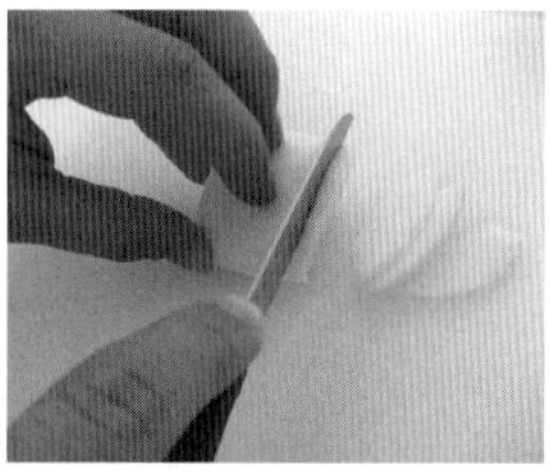

4. Apfel in Scheiben schneiden

Name:	Klasse:	Datum:	Fach:	Nr.:

Wir verarbeiten Äpfel

Apfelmus/Apfelkompott

Menge	Zutaten	Zubereitung
1 kg	Äpfel	1. Äpfel vorbereiten: Äpfel waschen, schälen und Kerngehäuse entfernen 2. Äpfel in Viertel schneiden
	<u>Sud</u>	
2 1 Msp. ½ l 2 EL	Nelken Zimt Wasser Zucker	3. Aus Nelken, Zimt, Wasser und Zucker einen Sud herstellen 4. Äpfelstücke zugeben und kochen **Garzeit:** ca. 10 min **Tipp:** Zwischendurch immer wieder prüfen, ob die Äpfel schon gar sind. 5. Gegarte Apfelstücke mit dem Pürierstab pürieren **Tipp:** Möchte man **Apfelkompott** herstellen, so werden die gegarten Apfelstückchen nicht püriert.

Apfel in Viertel schneiden

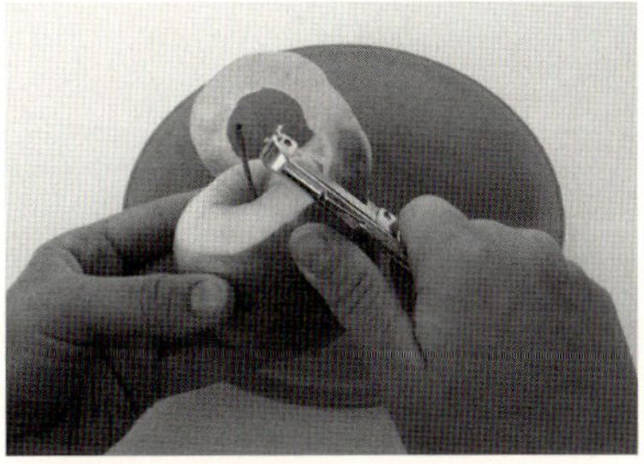

1. Apfel schälen

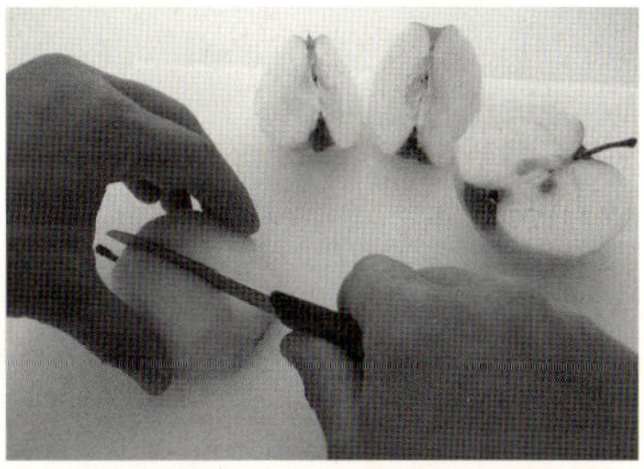

2. Apfel halbieren und vierteln

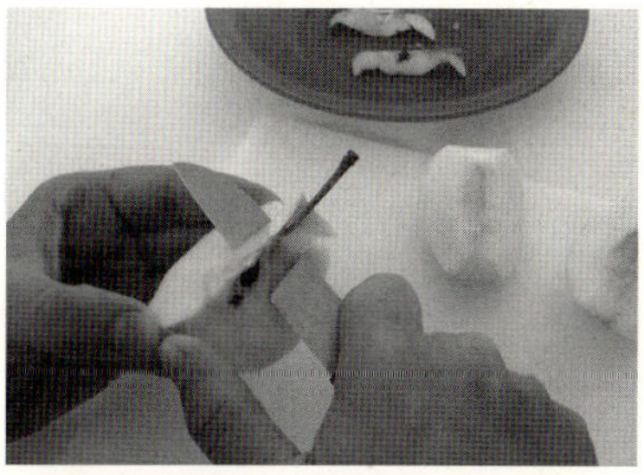

3. Kerngehäuse herausschneiden

Apfelschichtspeise

Menge	Zutaten	Zubereitung
1 Rezept	Apfelmus	1. Apfelmus herstellen und kurz auskühlen lassen
	<u>Creme</u>	
1 B. 250 g 5 EL 2 EL	Joghurt Quark Sahne Zucker	2. Joghurt, Quark, Sahne und Zucker zu einer Creme verrühren 3. Creme und Apfelmus abwechselnd in Nachspeisenschälchen füllen
¼ l einige	Sahne Apfelspalten	4. Sahne steif schlagen 5. Nachspeise mit einem Tupfer Sahne und einer Apfelspalte garnieren

Name:	Klasse:	Datum:	Fach:	Nr.:

Wir verarbeiten Äpfel und Pflaumen

Wiener Apfelstrudel

Menge	Zutaten	Zubereitung
	Strudelteig	
120 g	Mehl	1. Aus Mehl, Salz, Ei, Öl und Wasser einen glatten Strudelteig (Handrührgerät mit Knethaken) herstellen
1 Pr.	Salz	
1 kl.	Ei	2. Strudelteig mit wenig Öl bepinseln und zugedeckt ca. 15 min ruhen lassen
1 EL	Öl	
ca. ⅛ l	Wasser	
	Apfelfülle	
500 g	Äpfel	3. Äpfel waschen, schälen und in feine Scheiben schneiden
4 EL	Sahne	4. Strudelteig ausziehen und mit Sahne bestreichen
2 EL	Zucker	5. Äpfel darauf verteilen, dann Zucker, Nüsse, Rosinen und Zimt darübergeben
½ TL	Zimt	
1 EL	Rosinen	6. Strudel aufrollen und auf ein mit Backpapier ausgelegtes Backblech legen
2 EL	Nüsse	
		7. Strudel mit wenig Sahne bestreichen
		8. Strudel backen
		Backzeit: 200 °C ca. 40 min
		Tipp: Während des Backens immer wieder mit Butter oder Sahne bestreichen.

Äpfel in Scheiben schneiden

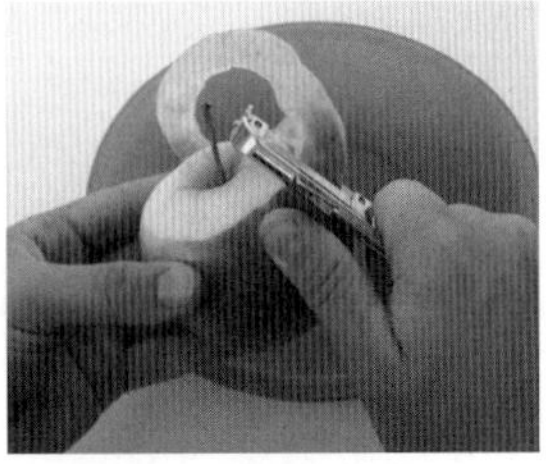
1. Apfel schälen

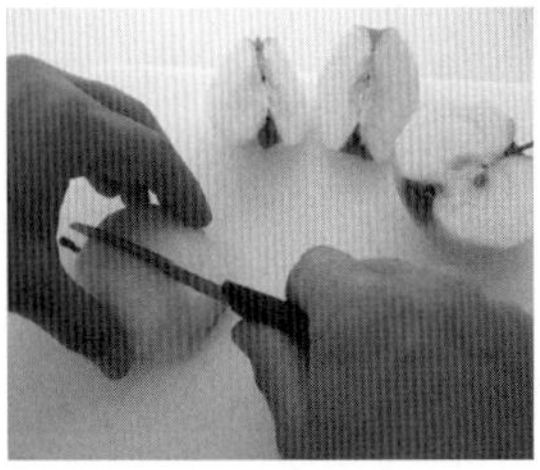
2. Apfel halbieren und vierteln

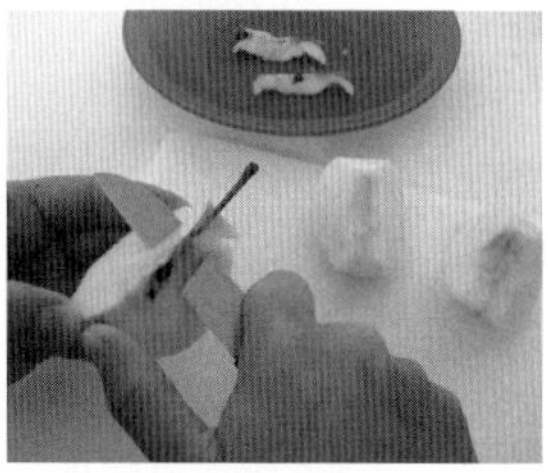
3. Kerngehäuse herausschneiden

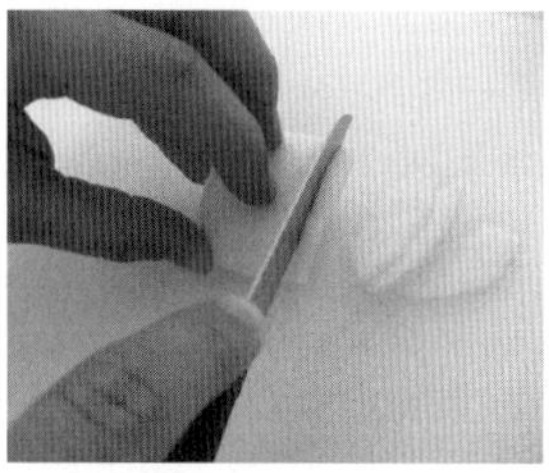
4. Apfel in Scheiben schneiden

Strudel lassen sich mit verschiedenen Füllungen zubereiten.

Zwetschgenstrudel

Menge	Zutaten	Zubereitung
500 g	Zwetschgen	1. Zwetschgen entsteinen
1 Rezept	Strudelteig	2. Strudelteig ausziehen und mit Sahne bestreichen
4 EL	Sahne	3. Zwetschgen auf dem Strudel verteilen
4 EL	Semmelbrösel	4. Semmelbrösel und Zimt auf die Zwetschgen geben
½ TL	Zimt	5. Strudel aufrollen
		6. Strudel mit wenig Sahne bestreichen und backen (s. o.)

Name:	Klasse:	Datum:	Fach:	Nr.:

Wir verarbeiten Birnen

Birnen-Zimt-Marmelade

Menge	Zutaten	Zubereitung
4–5	Schraubgläser	1. Gläser vorbereiten: Waschen und auf ein feuchtes Geschirrtuch stellen
1 kg	Birnen	2. Birnen waschen, schälen und Kerngehäuse entfernen 3. Birnen in Viertel schneiden
500 g	Gelierzucker (2:1)	4. Birnen in einen hohen Topf geben und mit dem Gelierzucker mischen **Gelierzucker 2:1 bedeutet:** **2** Teile Obst (= 1 kg Obst) + **1** Teil Gelierzucker (= 500 g Zucker)
1 1 Msp.	Zitrone Zimt	5. Zitrone auspressen und den Saft zu den Birnen geben 6. Zimt zugeben 7. Birnen aufkochen lassen, zwischendurch immer wieder umrühren **Garzeit:** ca. 5 min **Tipp:** Die Garzeit beginnt erst, wenn die Masse kocht. 8. Birnenmasse mit dem Pürierstab fein pürieren 9. Gelierproben machen 10. Marmelade einfüllen, Gläser verschließen und kurz umstülpen, damit ein Vakuum entsteht 11. Marmelade beschriften und auskühlen lassen

Birnen in Viertel schneiden

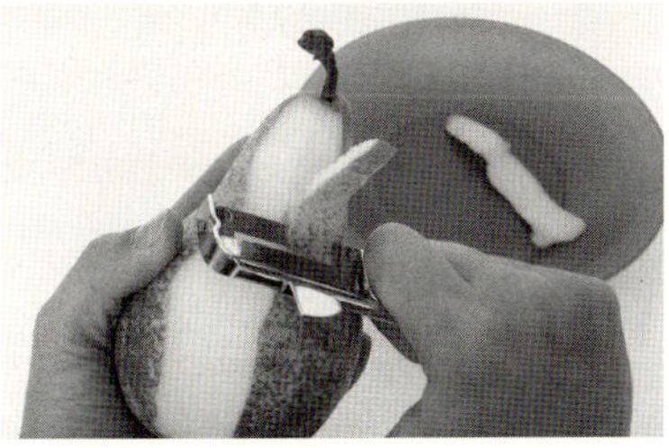

1. Birnen schälen

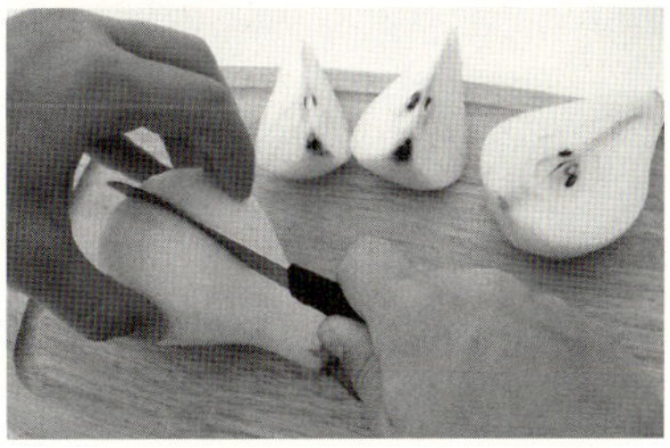

2. Birnen halbieren und vierteln

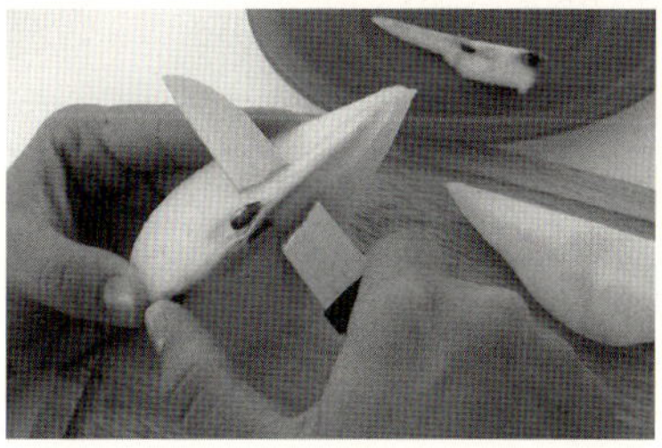

3. Kerngehäuse herausschneiden

Weitere Obstsorten, mit denen man gut Marmelade kochen kann:

Erdbeermarmelade

Apfelmarmelade

Zwetschgenmarmelade

Orangenmarmelade

Name:	Klasse:	Datum:	Fach:	Nr.:

Wir verarbeiten Bananen

Bananen-Pfannkuchen

Menge	Zutaten	Zubereitung
	Pfannkuchenteig	
175 g ¼ l 5 EL 1 Pr. 2	Mehl Milch Mineralwasser Salz Eier	1. Aus allen Zutaten mit dem Handrührgerät (Rührbesen) einen Teig herstellen 2. Teig etwas quellen lassen
etwas	Öl	3. Öl in der Pfanne erhitzen 4. Pfannkuchen dünn und goldbraun ausbacken
4 6 EL	Bananen Schokoladencreme	5. Bananen schälen und in Scheiben schneiden 6. Pfannkuchen mit Schokoladencreme bestreichen 7. Pfannkuchen mit Bananenscheiben belegen und aufrollen
	Schokosoße Zitronenmelisse	8. Pfannkuchen auf einem Teller mit Schokosoße und Zitronenmelisse anrichten

Bananen in Scheiben schneiden

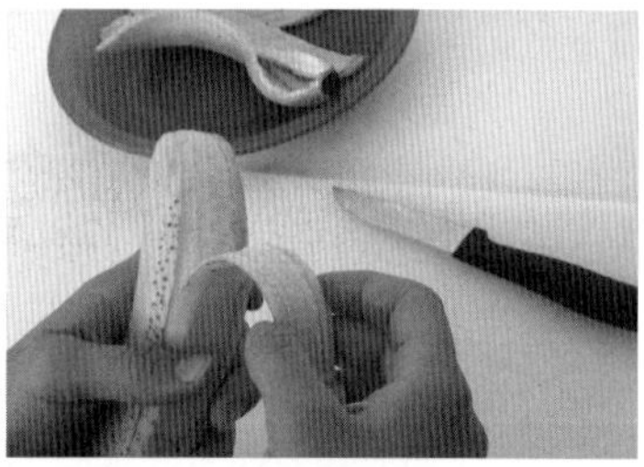
1. Banane schälen

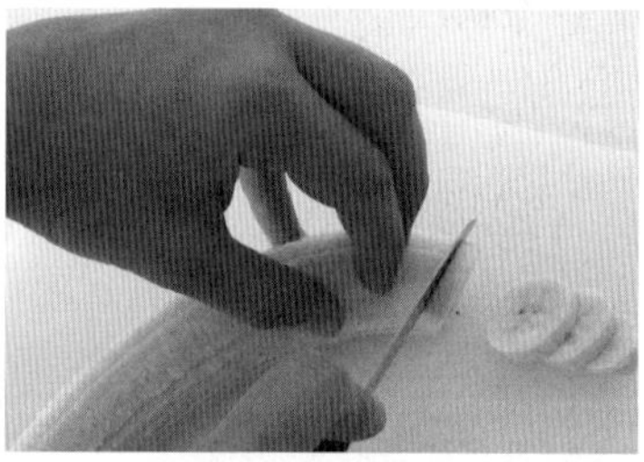
2. Banane in Scheiben schneiden

Pfannkuchen ausbacken

1. Fett erhitzen

2. Teig eingießen

3. Pfannkuchen wenden

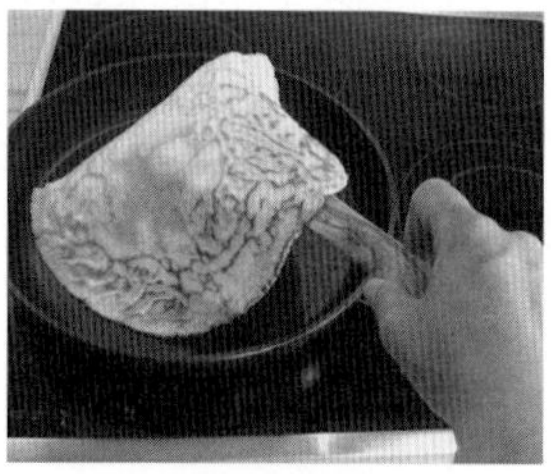
4. Pfannkuchen herausnehmen

Bananen-Milchshake

Menge	Zutaten	Zubereitung
2	Bananen	1. Bananen schälen, in Scheiben schneiden und in ein hohes Gefäß geben
½ l 5 EL 1 TL	Milch Naturjoghurt Honig	2. Milch und Naturjoghurt zugeben 3. Shake pürieren 4. Shake mit Honig abschmecken 5. Shake in einem Glas anrichten

Name:	Klasse:	Datum:	Fach:	Nr.:

Wir verarbeiten Orangen

Chinakohlsalat mit Orangen

Menge	Zutaten	Zubereitung
½	Chinakohl	1. Chinakohl putzen, waschen und klein schneiden
2	Orangen	2. Orangen schälen, zerteilen und in Stücke schneiden
	Marinade	
½	Zwiebel	3. Zwiebel schälen, halbieren und in Würfel schneiden
½ Bd.	Dill	4. Dill waschen und zerkleinern
1 B.	Sahne	5. Zwiebel, Dill, Sahne, Essig, Salz und Pfeffer gut vermengen
4 EL	Essig	
1 Pr.	Salz, Pfeffer	6. Chinakohl und Orangen marinieren

Orange in Stücke schneiden

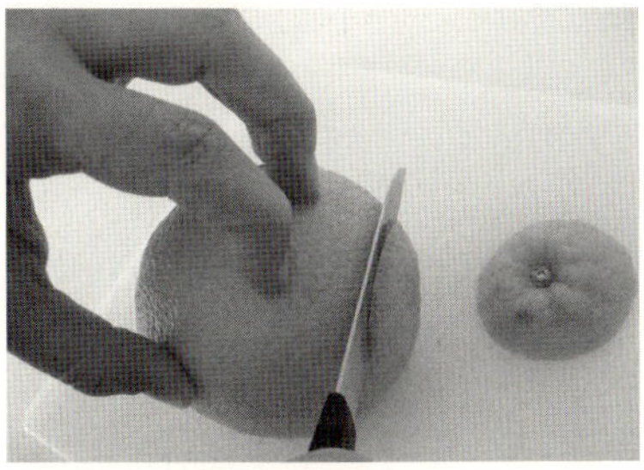
1. Enden abschneiden

2. Schale einritzen

3. Orange schälen

4. Orange halbieren, Inneres entfernen

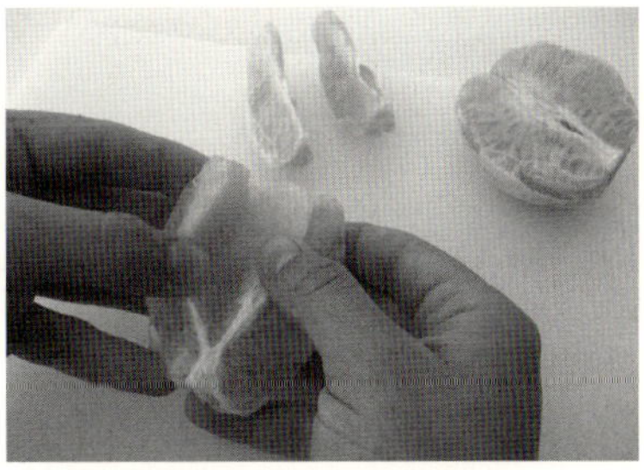
5. Orange in Spalten teilen

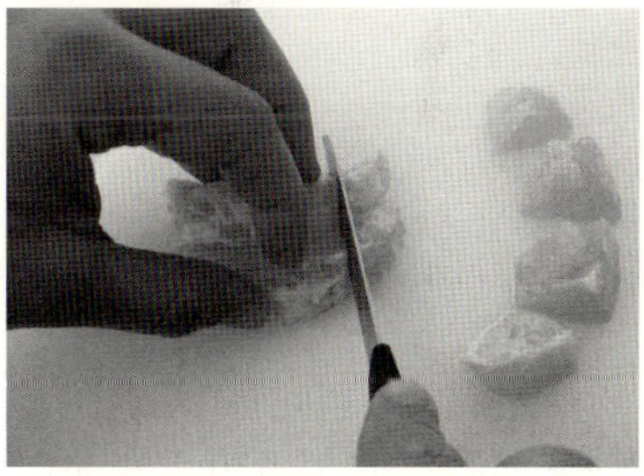
6. Orange in Stücke schneiden

Orangenpunsch

Menge	Zutaten	Zubereitung
2	Orangen	1. Orangen schälen, zerteilen und in Stücke schneiden
½ l	Früchtetee	2. Früchtetee mit Glühfixbeutel kochen, gut ziehen lassen und den Teebeutel entfernen
1	Glühfixbeutel	
½ l	Apfelsaft	3. Fruchtsäfte, Orangenstücke und Zimtstange zugeben und den Punsch aufkochen lassen
¼ l	Orangensaft	
¼ l	Johannisbeersaft	
1	Zimtstange	

Name:	Klasse:	Datum:	Fach:	Nr.:

Wir verarbeiten Zitronen

Zitronenschnitten

Menge	Zutaten	Zubereitung
½	Zitrone	1. Backblech mit Backpapier auslegen 2. Zitrone rollen, mit heißem Wasser waschen und Schale abreiben 3. Zitronenhälfte auspressen
200 g 200 g 3 300 g 100 g 3 TL ⅛ l	Margarine Zucker Eier Mehl Stärkemehl Backpulver Milch	4. Zitronenschale, Zitronensaft, Margarine, Zucker, Eier, Mehl, Stärkemehl, Backpulver und Milch in eine Rührschüssel geben und einen Rührteig herstellen 5. Teig auf das Backblech streichen **Tipp:** Verwende eine feuchte Teigkarte! **Backzeit:** 200 °C Umluft ca. 15–20 min
 ½ 200 g	Zitronenguss Zitrone Puderzucker	6. Zitrone auspressen 7. Puderzucker sieben und mit dem Zitronensaft verrühren 8. Zitronenguss auf dem lauwarmen Kuchen verteilen und erstarren lassen 9. Kuchen in gleich große Schnitten schneiden

Zitrone auspressen

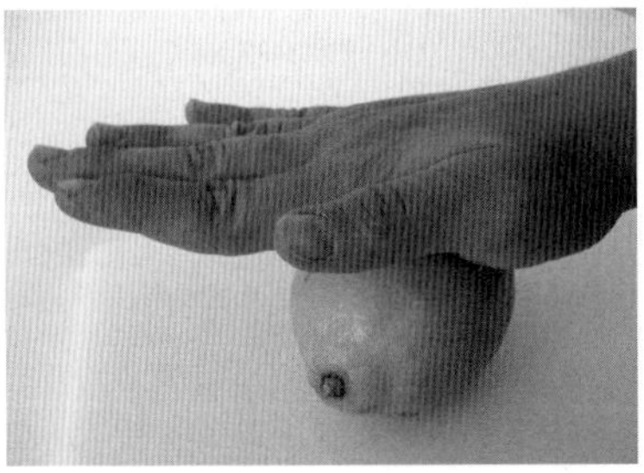
1. Zitrone rollen

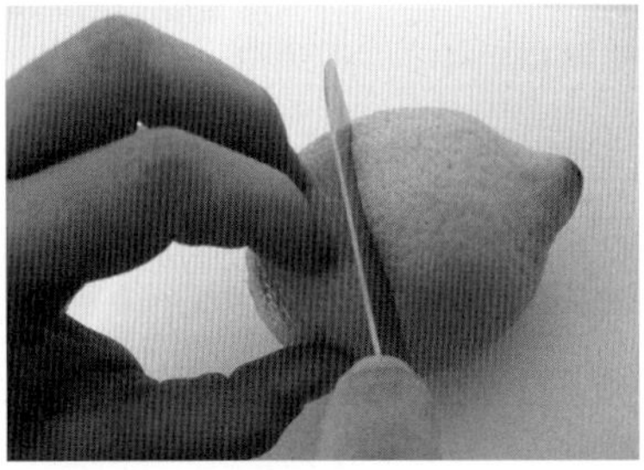
2. Zitrone halbieren

3. Zitrone auspressen

Zitronenschale abreiben

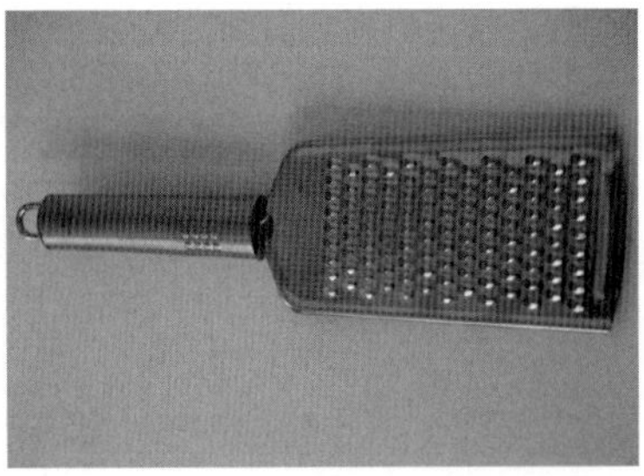
Reibe

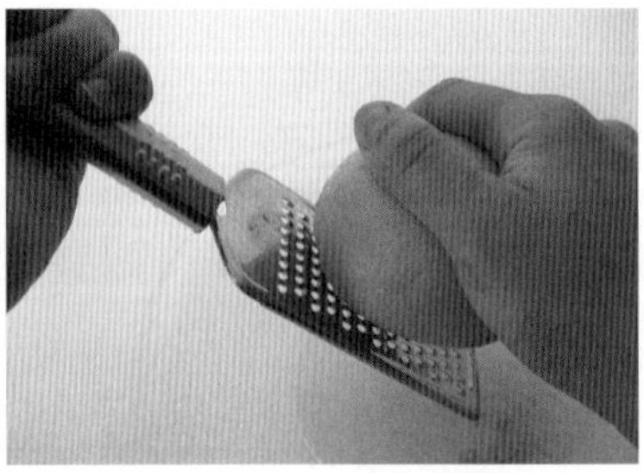
Zitronenschale abreiben

Verwende eine unbehandelte Zitrone!

Name:	Klasse:	Datum:	Fach:	Nr.:

Wir verarbeiten Fisch

Fischfrikadellen

Menge	Zutaten	Zubereitung
1	Brötchen	1. Brötchen in einer Schüssel mit Wasser einweichen und anschließend ausdrücken
½	Zitrone	2. Zitrone rollen, halbieren und auspressen
400 g	Seelachsfilet	3. Seelachsfilet säubern, mit Zitronensaft säuern und salzen (3-S-Regel)
	Salz	4. Seelachsfilet mit dem Pürierstab pürieren
½	Zwiebel	5. Zwiebel schälen, halbieren und in feine Würfel schneiden
½ Bd.	Petersilie	6. Petersilie waschen und fein wiegen
		7. Alle Zutaten in eine Schüssel geben und gut vermengen
¼ TL	Salz	8. Fischteig mit Salz und Majoran würzen
2 Pr.	Majoran	
	Öl	9. Frikadellen formen und in heißem Öl in der Pfanne ausbacken
		Tipp: Fischfrikadellen eignen sich sehr gut für einen Fischburger!

Zitrone auspressen

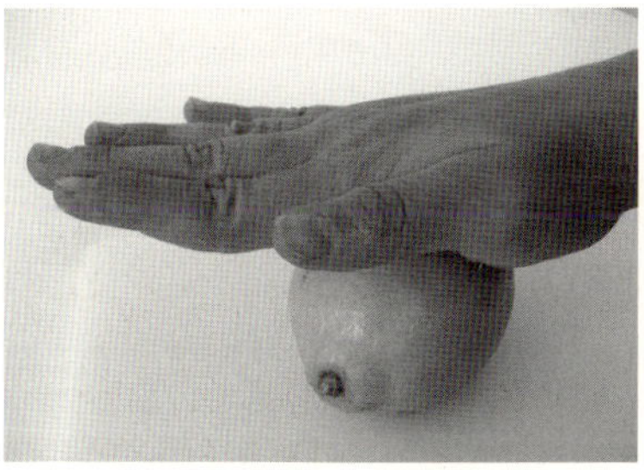
1. Zitrone rollen

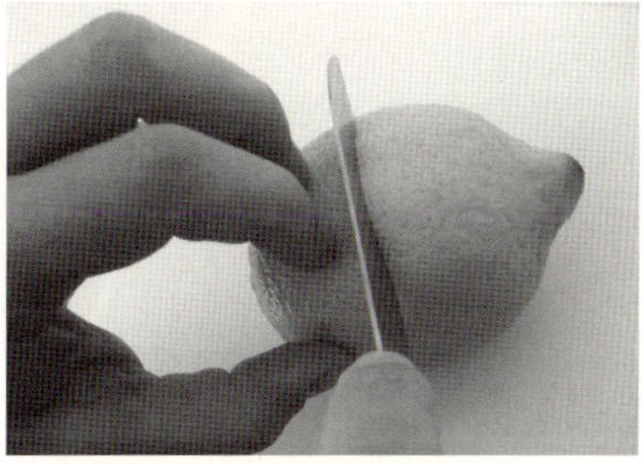
2. Zitrone halbieren

3. Zitrone auspressen

Fisch vorbereiten mit der 3-S-Regel (säubern – säuern – salzen)

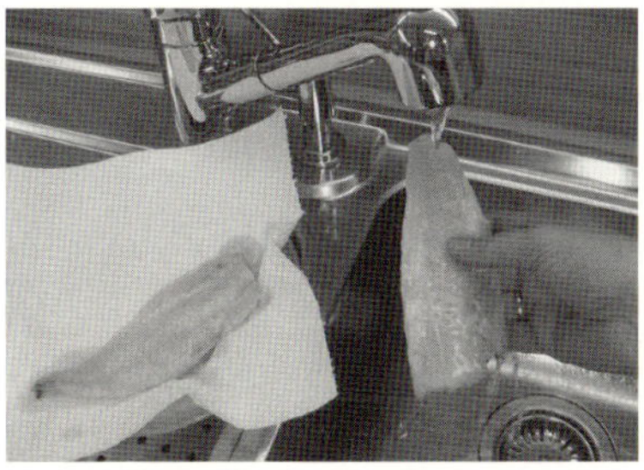
1. Fisch säubern

2. Fisch säuern

3. Fisch salzen

Name:	Klasse:	Datum:	Fach:	Nr.:

Wir verarbeiten Obst zu Smoothies

(Ein Smoothie ist ein Getränk aus rohen, gemusten Früchten, engl. smooth = fein, gleichmäßig, cremig)

Erdbeer-Smoothie

Menge	Zutaten	Zubereitung
350 g	Erdbeeren	1. Erdbeeren waschen, putzen, halbieren, vierteln, auf einem Brettchen liegend einfrieren (ca. 30 min)
1	Banane	
½ l	Orangensaft	2. Banane schälen, mit gefrorenen Erdbeeren, Orangensaft und Honig pürieren
1 EL	Honig	

Erdbeeren vierteln

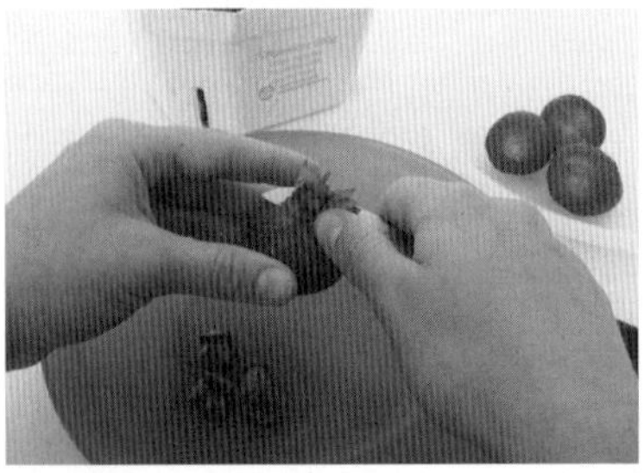

1. Erdbeeren putzen

2. Erdbeere halbieren und vierteln

Banane schälen

Banane schälen

Kiwi-Smoothie

Menge	Zutaten	Zubereitung
1	Banane	1. Banane schälen
1	Kiwi	2. Kiwi schälen, halbieren und in Scheiben schneiden
½ l	Orangensaft	
1 TL	Honig	3. Obst mit Orangensaft und Honig mischen, pürieren

Kiwi in Scheiben schneiden

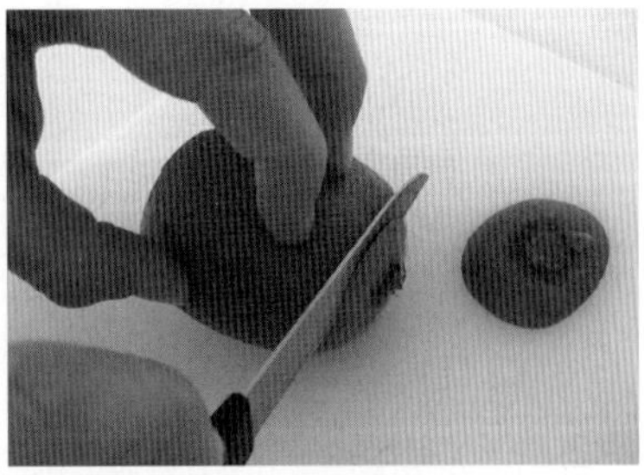

1. Enden abschneiden

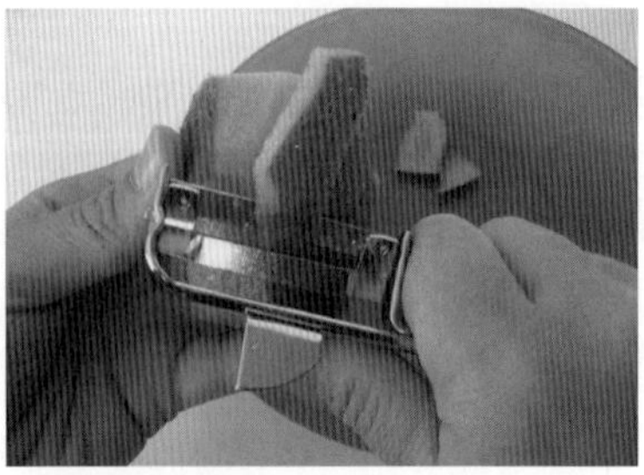

2. Kiwi schälen

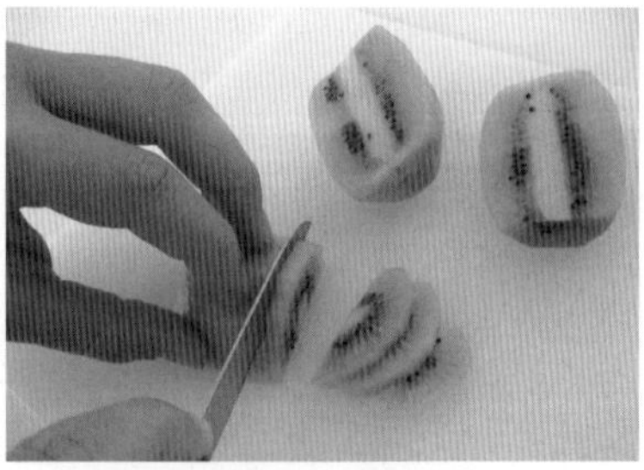

3. Kiwi halbieren und in Scheiben schneiden

Name:	Klasse:	Datum:	Fach:	Nr.:

Wir verarbeiten Obst

Obstsalat einfach

Menge	Zutaten	Zubereitung
500 g	Obst nach Saison	1. Obst vorbereiten und schneiden
1 TL	Zitronensaft	2. Obst, das leicht braun wird, z. B. Äpfel und Bananen, mit Zitronensaft beträufeln
1–2 EL	Zucker oder Honig	3. Mit Zucker oder Honig abschmecken
evtl. 1 EL	Nüsse	4. Mit Nüssen verfeinern
½ B.	Sahne	5. Sahne steif schlagen und auf den Obstsalat geben

Überbackener Obstsalat

Menge	Zutaten	Zubereitung
500 g	Obst nach Saison	1. Obst vorbereiten und schneiden
½	Zitrone	2. Zitrone halbieren und auspressen
		3. Obst und Zitronensaft in eine Auflaufform geben
2	Eier	4. Eier trennen
1–2 EL	Zucker	5. Eiweiß steif schlagen, Zucker zugeben, weiter schlagen
1 P.	Vanillezucker	6. Eigelb mit Sauerrahm und Zimt schaumig schlagen
		7. Eiweiß unterheben
1 B.	Sauerrahm	8. Masse auf den Obstsalat geben
1 Pr.	Zimt	**Überbacken:** 200 °C, ca. 20 min Ober- und Unterhitze

Äpfel in Würfel schneiden

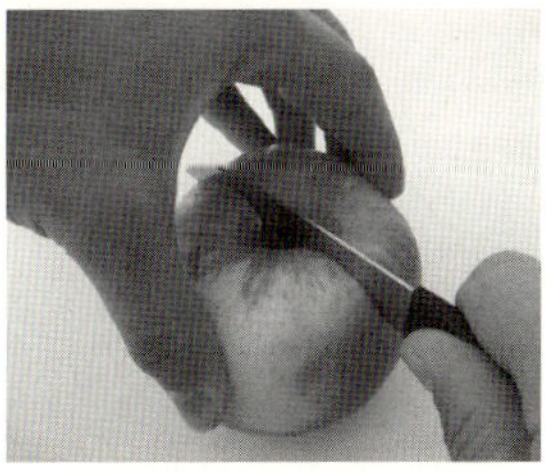

1. Apfel halbieren

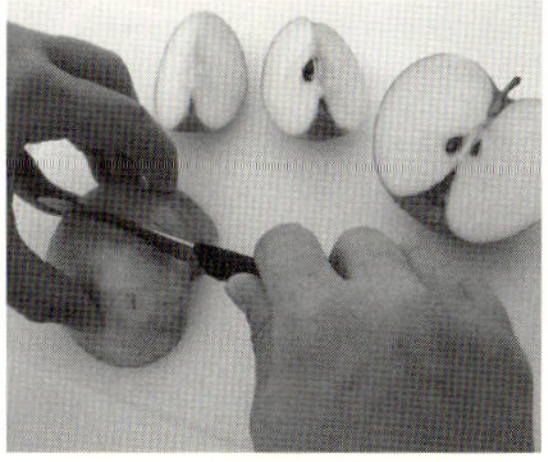

2. Apfel vierteln

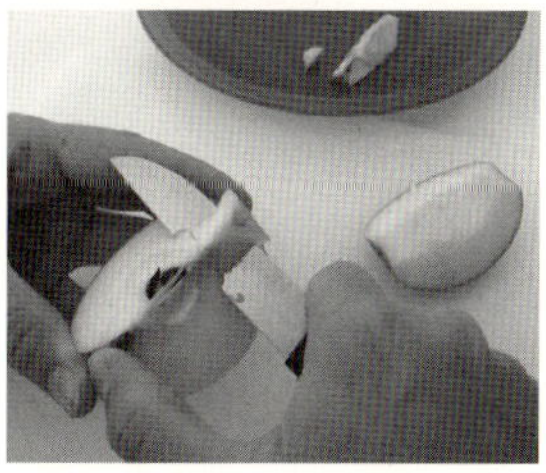

3. Kerngehäuse herausschneiden

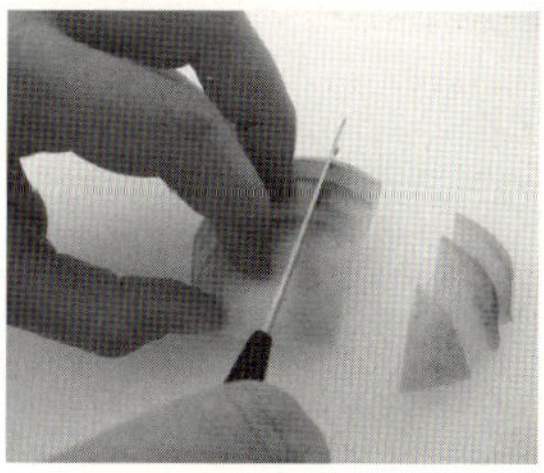

4. Apfel in Würfel schneiden

Zitrone auspressen

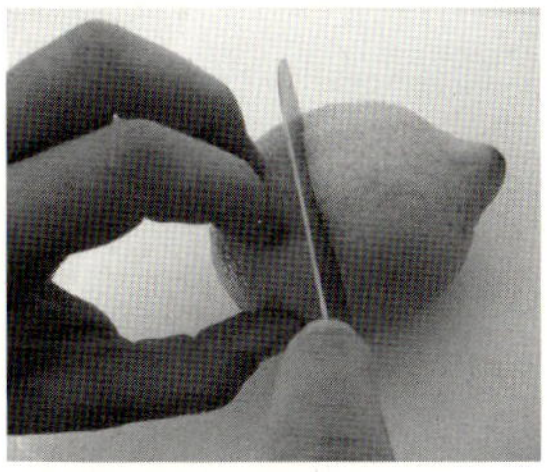

1. Zitrone halbieren

2. Zitrone auspressen

Banane in Scheiben schneiden

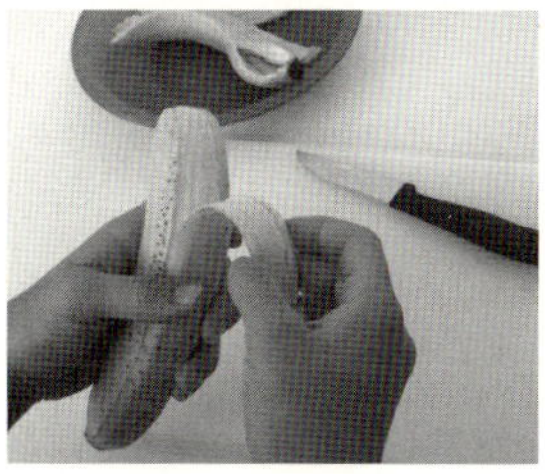

1. Banane schälen

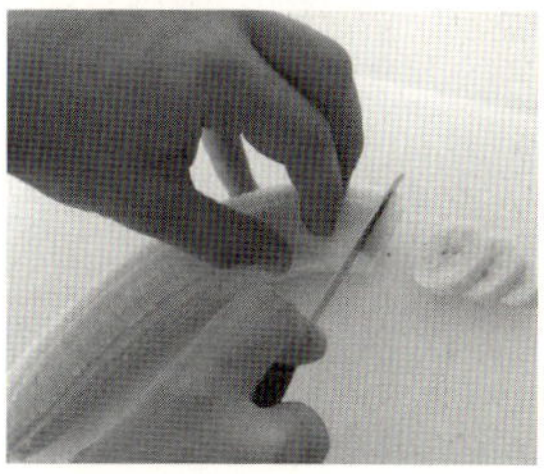

2. Banane in Scheiben schneiden

Name:	Klasse:	Datum:	Fach:	Nr.:

Wir verarbeiten Obst

Apfel-Kiwi-Muffins

Menge	Zutaten	Zubereitung
1 1 2 120 g 50 ml 160 ml 280 g 2 TL ½ TL	Apfel Kiwi Eier Zucker Öl Apfelsaft Mehl Backpulver Natron	1. Apfel schälen und in Würfel schneiden 2. Kiwi schälen, halbieren und in Würfel schneiden 3. Eier, Zucker, Öl und Apfelsaft schaumig schlagen 4. Mehl, Backpulver und Natron vermischen, sieben und vorsichtig unterrühren 5. Apfel- und Kiwistücke vorsichtig unterrühren 6. In Muffinförmchen füllen und backen **Backzeit:** 20–25 min bei 190 °C Ober- und Unterhitze

Äpfel in Würfel schneiden

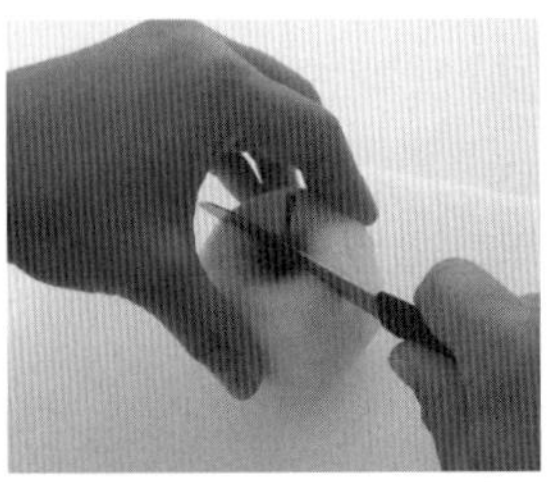
1. Apfel halbieren

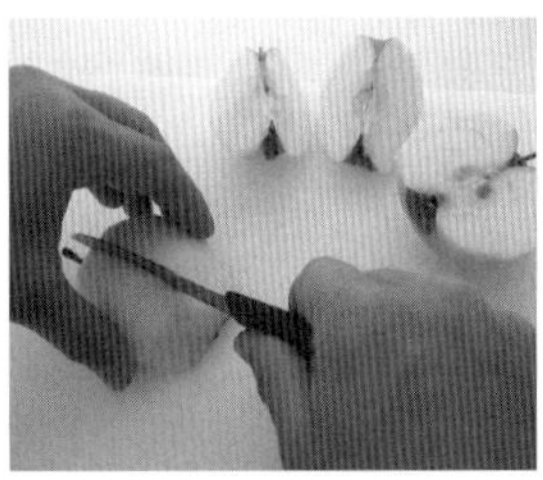
2. Apfel vierteln

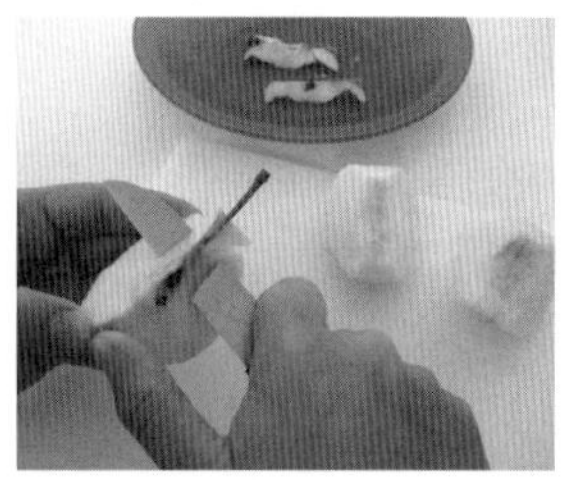
3. Kerngehäuse herausschneiden

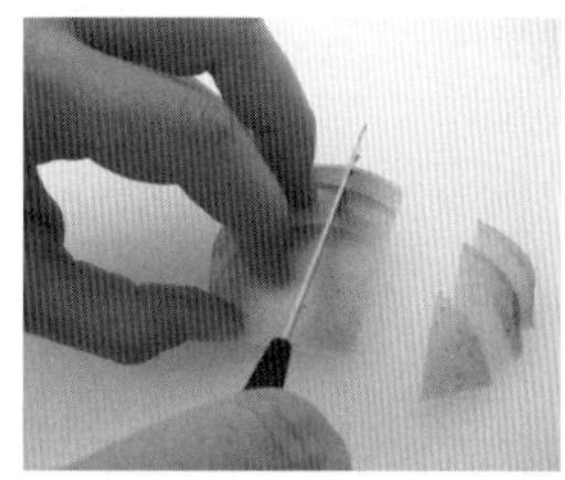
4. Apfel in Würfel schneiden

Pflaumen-Orangen-Muffins

Menge	Zutaten	Zubereitung
1 TL ½ 12 100 g 150 g 3 225 g 3 TL	Orangenschale Orange Pflaumen Butter Zucker Eier Mehl Backpulver	1. Orangenschale abreiben 2. Orange halbieren und eine Hälfte auspressen 3. Pflaumen halbieren und entfernen 4. Butter, Zucker und Eier schaumig schlagen 5. Mehl, Backpulver, Orangenschale und Orangensaft zugeben und verrühren 6. Die Hälfte des Teiges in Muffinförmchen füllen 7. Jeweils 2 Pflaumenhälften hineinstecken 8. Restlichen Teig auf die Pflaumen füllen **Backzeit:** 20–25 min bei 180 °C Heißluft

Pflaume entkernen

1. Pflaume halbieren

2. Kern entfernen

Orange reiben und auspressen

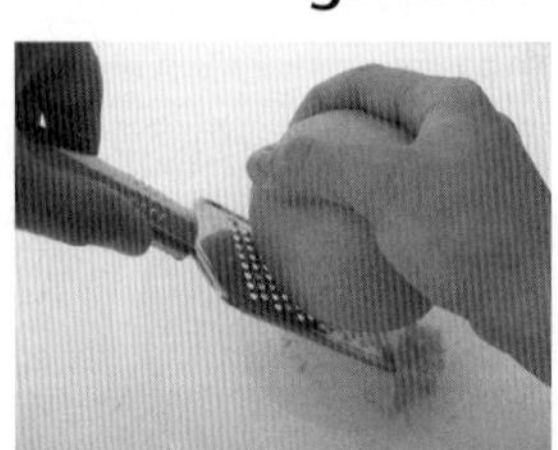
1. Orangenschale abreiben

2. Orange auspressen

Name:	Klasse:	Datum:	Fach:	Nr.:

Wir verarbeiten Zwetschgen und Äpfel

Zwetschgen- und Apfeldatschi

Menge	Zutaten	Zubereitung
 100 g 200 g 1 Pr. 50 g 1 P. 1	<u>Mürbteig</u> Butter Mehl Salz Zucker Vanillezucker Ei	1. Kalte Butter in Stücke schneiden 2. Alle Zutaten zu einem Mürbteig kneten und 30 min kalt stellen 3. Springform fetten 4. Teig auswellen, in Springform geben, kleinen Rand formen
 ¾ kg ½ 20 g 1 EL	<u>Belag</u> Zwetschgen oder Äpfel Zitrone Butter Semmelbrösel Zucker Evtl. Zimt	5. Obst vorbereiten: Zwetschgen halbieren und entkernen, Äpfel in Scheiben schneiden 6. Zitrone auspressen, Äpfel damit beträufeln 7. Boden mit zerlassener Butter bestreichen 8. Boden evtl. mit Semmelbröseln bestreuen 9. Boden schuppenförmig mit Obst belegen **Backzeit:** 30–40 min bei 200 °C Ober- und Unterhitze 10. Noch warm überzuckern

Äpfel in Scheiben schneiden

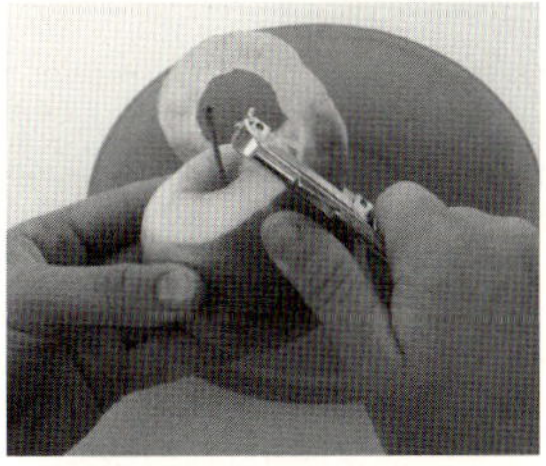
1. Apfel schälen

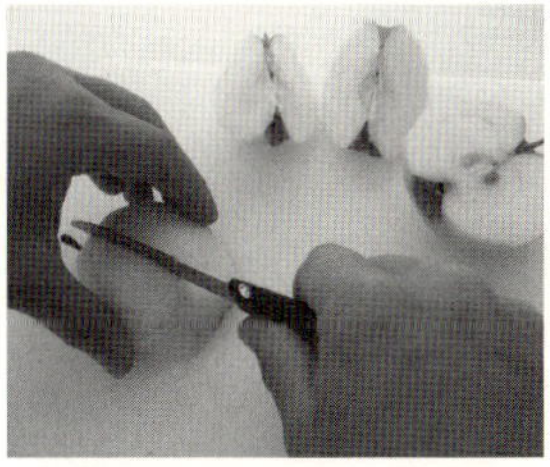
2. Apfel halbieren und vierteln

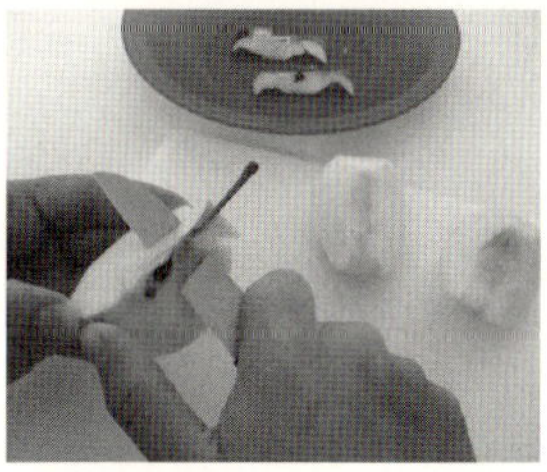
3. Kerngehäuse herausschneiden

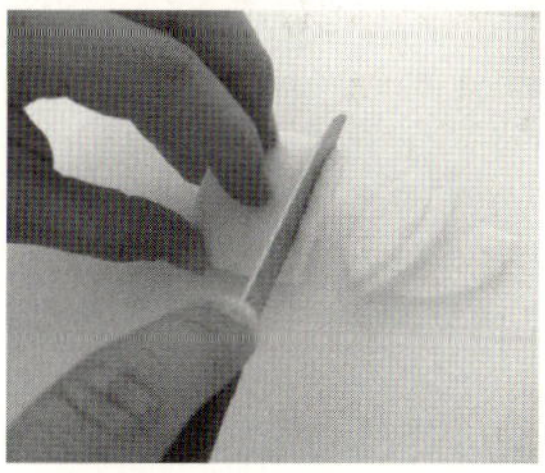
4. Apfel in Scheiben schneiden

Zwetschge halbieren

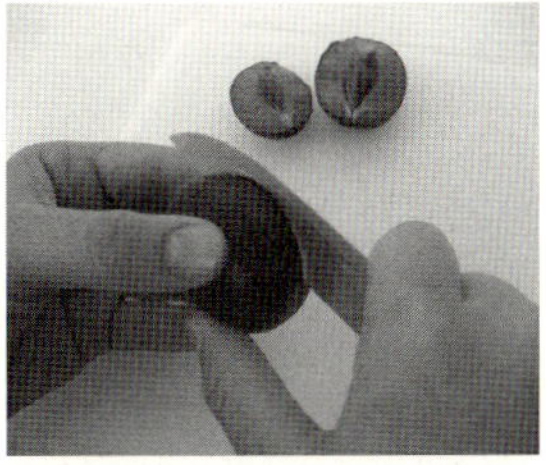
1. Zwetschge halbieren

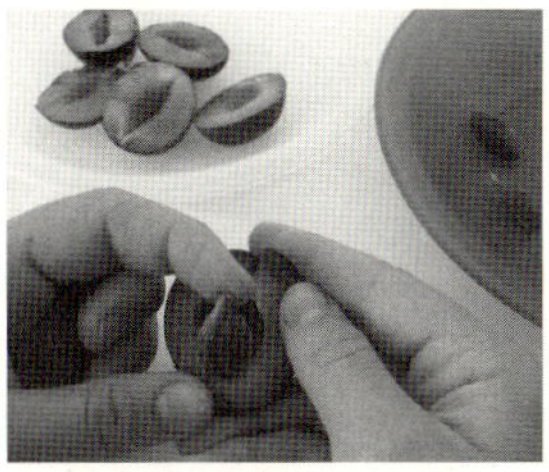
2. Zwetschge entkernen

Zitrone auspressen

1. Zitrone halbieren

2. Zitrone auspressen

Name:	Klasse:	Datum:	Fach:	Nr.:

Wir verarbeiten Erdbeeren

Erdbeerkuchen mit Blitzbiskuit

Menge	Zutaten	Zubereitung
	<u>Biskuit</u>	
3 70 g 1 P.	Eier Zucker Vanillezucker	1. Ganze Eier, Zucker und Vanillezucker 10 min schlagen **Tipp:** Das Volumen muss sich verdoppeln!
100 g ½ TL	Mehl Backpulver	2. Mehl mit Backpulver mischen, sieben und vorsichtig unterheben 3. In eine mit Backpapier ausgelegte, gefettete Springform füllen **Backen:** 200 °C, ca. 8–10 min Ober- und Unterhitze 4. Auf ein Gitter stürzen und erkalten lassen
	<u>Belag</u>	
¾ kg	Erdbeeren oder anderes Obst	5. Erdbeeren waschen, Stielansatz entfernen und halbieren
2–3 EL	Erdbeermarmelade	6. Biskuitboden mit Erdbeermarmelade bestreichen 7. Mit Erdbeeren belegen
1 P.	Tortenguss	8. Tortenguss nach Anleitung herstellen und sofort über die Erdbeeren verteilen 9. Erdbeerkuchen erkalten lassen
½ B.	Sahne	10. Sahne steif schlagen 11. Kuchen mit Sahnetupfen garnieren

Erdbeeren halbieren

1. Erdbeeren waschen

2. Stielansatz entfernen

3. Erdbeeren halbieren

Tipp: Man kann auch einen gekauften Biskuitboden verwenden.

Name:	Klasse:	Datum:	Fach:	Nr.:

Wir verarbeiten Weintrauben

Käsesalat

Menge	Zutaten	Zubereitung
300 g	Emmentaler am Stück	1. Käse in Würfel schneiden
1–2	Zwiebeln	2. Zwiebeln schälen, halbieren und in Halbringe schneiden
200 g	gek. Schinken	3. Schinken in Würfel schneiden
250 g	Weintrauben, grün	4. Weintrauben waschen, zupfen, halbieren und die Kerne entfernen
½ Dose	Ananasscheiben	5. Ananasdose öffnen, Ananas im Sieb abtropfen lassen und den Saft für die Marinade auffangen
		6. Ananasscheiben in kleine Stücke schneiden
	Marinade	
4 EL	Ananassaft	7. Ananassaft mit dem Zucker erhitzen
3 EL	Zucker	
1 Msp.	Cayennepfeffer	
3 Spritzer	Tabasco	8. Saft mit Cayennepfeffer, Pfeffer, Tabasco, Öl und Salz würzen und abschmecken
½ TL	Pfeffer	
4 EL	ÖL	
	Salz	9. Vorbereitete Zutaten mit der Marinade marinieren

Weintrauben halbieren

1. Weintrauben waschen

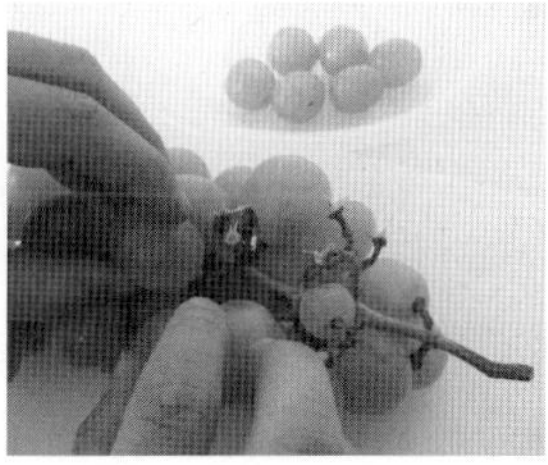
2. Weintrauben zupfen

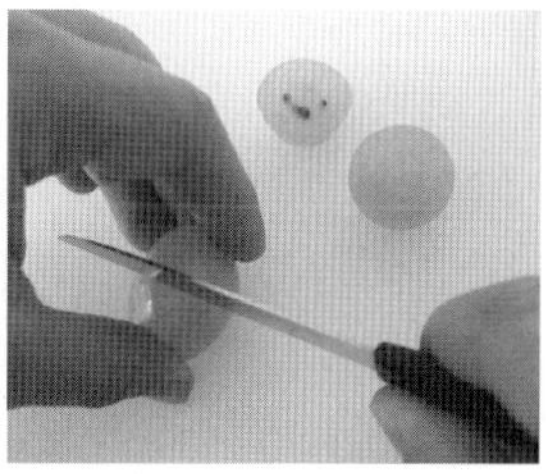
3. Weintrauben halbieren

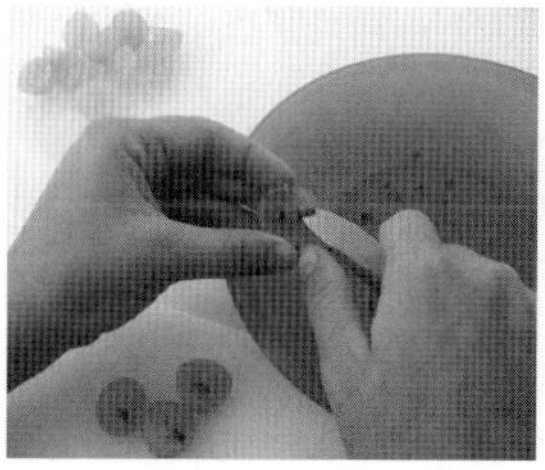
4. Kerne entfernen

Zwiebel in Halbringe schneiden

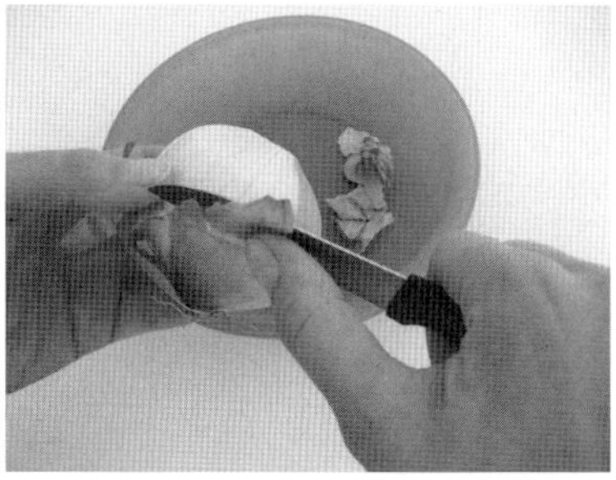
1. Zwiebel schälen

2. Zwiebel halbieren

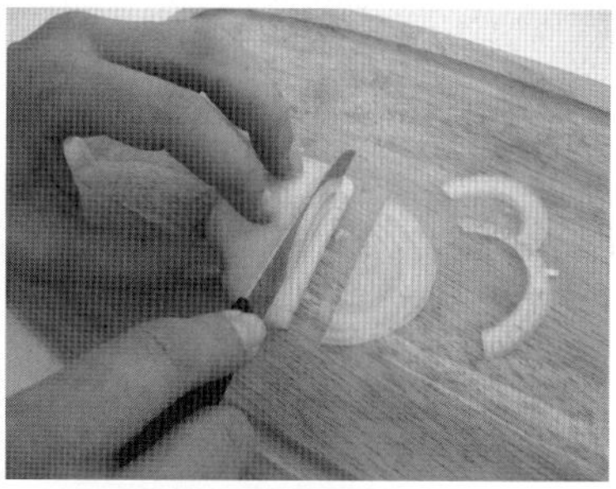
3. Zwiebeln in Halbringe schneiden